한국 기업의 경영패러다임 혁명

—SKMS(SK Management System)의 역할을 중심으로

서강학술총서
022

한국 기업의 경영패러다임 혁명

SKMS(SK Management System)의 역할을 중심으로

SUPEX
목표/실행전략

SUPEX
추구환경조성

구성원과
리더의 역할

하영원 · 김용진 · 김양민 지음

서강대학교출판부

서강학술총서 022

한국 기업의 경영패러다임 혁명
—SKMS(SK Management System)의 역할을 중심으로

초판발행 | 2010년 11월 30일
지 은 이 | 하영원 · 김용진 · 김양민
발 행 인 | 이종욱
편 집 인 | 우찬제
발 행 처 | 서강대학교 출판부
등록번호 | 1978년 9월 28일 제313-2002-170호

주　　소 | 서울특별시 마포구 신수동 1번지
전　　화 | (02) 705-8212
팩　　스 | (02) 705-8612

ISBN 978-89-7273-173-3　94320
ISBN 978-89-7273-139-9(세트)

값 15,000원

* '서강학술총서'는 SK SUPEX 기금의 후원으로 제작됩니다.

머리말

인터넷과 정보기술의 급격한 발달은 지식과 정보의 유통 속도를 기하급수적으로 증가시키고 문자 그대로의 지구촌을 만들면서, 경영환경에 많은 변화를 가져와 기업들에게 끊임없는 위기와 기회를 함께 제공하고 있다. GE의 회장이었던 잭 웰치는 변화하지 않는 기업은 단순히 2등, 3등으로 뒤쳐지는 것이 아니라 그 존립 자체를 위협받을 것이라고 지적한 바 있다. 이러한 경영환경의 변화를 가져오는 요인 중에 가장 핵심적인 것은 세계 경제가 제품기반 경제에서 지식기반 경제로 전환되고 있다는 것이다.

지식기반 경제 하에서는 기존의 경제 체제에서 회사의 가치를 결정하는 주요 요인이었던 자본보다 지적 자산과 이의 효과적 활용이 회사의 가치를 결정하게 된다. 즉, 제품기반 경제에서의 주요 자원은 토지 · 노동 및 자본이며 제품을 생산하기 위해 투입된다. 그러나 이러한 자원은 고정적이고 한계가 있으며, 경쟁우위를 창출하는 데 있어서 제한적인 역할을 수행한다. 반면, 지식기반 경제 하에서는, 경제 주체들이 지속적인 활용이 가능하고 경쟁우위를 창출해낼 수 있는 자원, 즉 지식 · 스킬 · 역량 ·

인재 · 브랜드 · 지적재산 등 무형 자산의 중요성이 증가한다. 이러한 자원들은 제품이 아닌, 제품이 가진 본질적인 가치를 창출하는 데 직접적으로 사용되며, 회사의 경쟁력을 결정짓게 된다.

이러한 투입 중심의 경제에서 생산성 중심의 경제로의 전환은 기업들의 경영 패러다임 변화를 촉구하고 있다. 따라서 과거에는 생산 기술, 원가 절감 능력 등에 초점을 맞추어왔던 기업들이 오늘날에 있어서는 기업 구성원들이 창의적인 지식을 창출하고, 이를 공유하며 활용할 수 있도록 하는 데 보다 많은 노력을 기울이고 있다.

이 책은 이러한 변화 이전부터 지식경영을 도입하고 이를 지속적으로 실천해온 SK그룹의 노력에 대하여, SKMS(SK 경영관리 체계)를 중심으로 보다 이론적 토대 위에서 분석하고, 그 성과를 평가하여, 다른 기업들 또한 활용할 수 있는 기반을 만들고자 기획되었다.

SKMS는 1975년부터 구체화시켜왔던 선경그룹의 경영 이념과 경영 기법을 집대성한 것으로서 SKMS의 핵심은 사람들의 능력 활용을 극대화하여 이를 그룹의 핵심경쟁우위 요소로 삼고자 하는 것이다. 지금까지 SKMS는 지식통합 플랫폼으로서의 역할을 수행하면서 SK그룹의 문화적 정체성을 확보할 수 있는 토대를 제공해왔다. 즉, SKMS는 잘 체계화된 지식통합 메커니즘으로서 조직 내의 다양한 지식을 통합시킴으로써 지식의 효과적인 활용을 유도해 기업 경제활동의 효율성을 높이고, 기업을 경쟁자와 차별화함으로써 특유의 경쟁력을 가질 수 있도록 해왔다는 것이다.

SKMS는 SK그룹의 성장에 여러 측면에서 많은 공헌을 해왔지만, SK그룹이 SKMS와 관련하여 아직도 풀어야 할 숙제가 남아 있는 것으로 보인다. 첫째는 SKMS가 지배적인 경영원칙으로 SK그룹의 구성원들이 좀 더 창의적으로 사고하는 데 하나의 제약이 되는 경우도 있으므로 이를 어떻게 SKMS의 실천에서 극복할 것인가 하는 문제이다. 둘째는 단기적인 성과를 요구하는 일상 업무와 중장기적인 안목에서 상당히 이상적인 시각을 요구하는 SKMS 사이에 괴리가 존재할 가능성이 상존하게 되는데 이를 어떻게 해결할 수 있는가의 문제이다. 셋째로는 SKMS가 SK그룹 내의 모든 임직원들을 대상으로 하는 경영체계이므로 직급에 따라 차별화된 지침을 제공하지 못하고 있다는 단점을 어떻게 다룰 것인가 하는 문제이다. 마지막은 기업의 사회적 역할과 관련한 것이다. 기업이 지속적으로 성장하기 위해서는 사회 속에서 존재해야 하고 사회를 발전시켜 그 성장 기반으로 삼아야 한다. 이러한 사회 속의 SK그룹이라는 화두를 어떻게 SKMS가 담아내느냐 하는 문제이다.

저자들은 상당한 기간 동안 SKMS의 역사를 살펴보고, 그 내용을 이해하려고 노력해왔다. 그리고 다양한 연구 기법을 동원하여 SKMS가 실제 경영 현상에 미치는 영향을 탐구해왔다. 이러한 과정 속에서 저자들은 SKMS가 현재의 지식기반 경제 하에서 필요한 기업경영의 기본 틀을 제공해주고 있다고 믿는다. 저자들의 연구가 지식경제 하에서 갈수록 치열한 경쟁을 전세계적인 범위에서 벌여야 하는 한국의 기업들이 생존하고 성장하기 위한 밑거름이 되기를 기원한다.

2010년 10월

하영원 · 김용진 · 김양민

제1장
SK그룹의 발전사와 SKMS의 변천사

세상에 존재하는 어떤 문제도 그 문제를 만들어 낸 사고의 수준에서는 풀리지 않는다.
—알베르트 아인슈타인

현대 경영환경은 잠시도 쉬지 않고 변화하며 이러한 급격한 변화는 기업들에게 끊임없는 위기와 기회를 함께 제공한다. GE의 회장이었던 잭 웰치는 그가 은퇴하기 직전인 20세기 말에 변화하지 않는 기업은 단순히 2등, 3등으로 뒤쳐지는 것이 아니라 그 존립 자체를 위협받을 것이라고 지적한 바 있다. 그렇다면, 20세기와 비교해 21세기 한국의 기업환경은 어떠한가? 세계화(globalization)와 기술의 발전이라는 두 가지 동인에 의하여 변화의 속도는 훨씬 더 빨라지고 기업 간 경쟁 또한 현저하게 치열해지고 있다. 이 같은 변화에 대응하기 위한 경영의 패러다임 역시 급속히 변화하고 있다. 즉, 과거에는 생산기술, 원가절감 능력 등이 기업의 핵심역량이었다고 할 수 있으나, 오늘날에 있어서는 기업구성원들의 지식이 가장 큰 경쟁력이 되고 있다. 다시 말하면, 현대적 기업경영에서 기업은 구성원들이 창의적인 지식을 창출하게 만들고, 이를 공유하며 활용할 수 있도록 할 수 있을 때, 다른 기업과의 경쟁에서 절대적인 우위를 확보할 수 있는 경영환경으로 변모해가고 있다. 즉 물리적 자원과 기술 중심의 경영에서 지식 기반의 경영으로 경영의 패러다임이 변화하고 있다는 것이다.

SK그룹은 이미 1970년대부터 기업의 성패가 사람에 달려 있다는 점을 인식하고 그룹의 경쟁 우위를 달성하기 위해 인간 위주의 경영 패러다임을 추구해왔다. 특히 SK그룹은 급변하는 경영환경에 효과적으로 대응할 수 있는 경영관리기법의 개발에 적극적으로 투자와 노력을 계속하여 1979년 이래로 SK 구성원들의 합의를 통하여 꾸준히 발전시켜온 SK 경영관리체계(SK Management System: SKMS)와 기업경영 및 사업활동에서 인간의 능력으로 도달할 수 있는 최고의 수준인 Super Excellent(SUPEX) 수준으로 목표를 정하고 이를 추구하는 SUPEX 추구법을 SK 고유의 경영도구로 활용하여 경영활동에서 당면하는 문제를 그 문제보다 한 차원 높은 생각의 수준에서 해결하고자 노력함으로써 괄목할 만한 성과를 이룩하고 있다.

이 책에서는 우선 제1장에서 SK그룹의 발전과 SKMS의 변천에 대해 간략히 살펴본다. 제2장에서는 SKMS의 의의 및 주요 내용을 검토하고, 제3장에서 SK그룹 내에서 SKMS가 지식경영의 플랫폼으로서 어떻게 활용되고 있는지를 살펴본다. 제4장에서는 SK그룹 내에서 SKMS가 활용되는데 영향을 미치는 요소와 SKMS의 활용 성과를 분석한다. 제5장에서는 현재 이루어지고 있는 SKMS 교육훈련의 문제점과 개선 방향을 알아보고, 제6장에서는 최근 학계와 산업계에서 많은 관심을 끌고 있는 사업의 사회적 책임이라는 이슈를 SKMS가 어떤 방법으로 담아낼 수 있을지를 검토한다. 마지막으로 제7장에서는 SKMS가 21세기 한국 기업경영의 패러다임 변화에 있어 어떤 시사점을 던져줄 수 있는지를 제시할 것이다.

1. SK그룹의 발전사

1) SK의 태동: 국내 굴지의 직물 생산업체로의 성장

SK그룹의 역사는 1953년 창업주인 최종건 회장이 선경직물(주)을 정부로부터 인수하면서 시작되었다. 최종건 회장과 선경직물의 인연은 최종건 회장이 1944년 일본인이 경영하는 선경직물 수원공장에 입사하면서 시작된다. 그는 공장 견습기사로 입사하여 6 · 25 직전까지 생산부장으로 재직하면서 공장설비 및 기계정비 분야의 전문가가 되어갔다. 1945년 8월 15일 우리나라는 일본의 통치로부터 해방되었지만, 일본인이 운영하는 선경직물은 이튿날인 8월 16일에 조업이 중단되었다. 그러나 선경직물의 정상적인 가동을 누구보다도 원했던 최종건 회장은 미군정에 의해 선경직물의 관리인으로 위촉된 경영진에게 끈질기게 조업 재개를 촉구하여 결국 선경직물 생산부장으로 임명되면서 공장을 재가동하였다. 해방 직후 사회적인 혼란 속에서도 우리나라의 섬유산업은 비교적 빨리 성장하였다. 국민생활의 기본요건인 의류 공급을 원활하게 하고자 하는 미군정의 지원책과 업계의 자체적인 노력이 맞아떨어져 더욱더 그러하였다. 그러나 점차 소생하던 섬유산업은 불의의 6 · 25동란으로 소생의 불씨가 꺼졌다. 선경직물의 경우도 예외는 아니었다. 특히 공장은 1950년 전쟁의 와중에서 폐허가 되어버렸다. 자기 사업을 해보겠다는 야심으로 선경직물을 떠났던 최종건 회장은 6 · 25동란으로 폐허가 된 공장 재건을 주도하면서 선경직물의 불하를 추진한 결과로 1953년 10월 1일에 선경직물 창립을 선포함으로써 창업의 꿈을 실현하였다(SK그룹, 2006).

최종건 회장의 목표는 선경직물을 국내 제일의 직물공장으로 키우는 것이었다. 최종건 회장은 이런 목표를 실현하기 위해 최선의 방법은 최고품질의 제품을 생산하는 것이라고 생각하였다. 이런 품질 제일주의의 결과로 1955년 10월 1일 해방 10주년 기념 산업박람회에서 선경직물의 '닭표' 인조견이 국내 유수한 섬유업체와 겨루어 부통령상을 수상하는 성과를 거두었다. 이 수상 이후 닭표 안감은 가짜 상표에 시달릴 정도로 소비자들 사이에서 양복 안감의 대표적인 제품으로 여겨졌다. 이런 인기로 인해 1956년에 일본에서 문직기가 들어오면서 제3공장을 신축하였고, 또 다른 히트 상품인 '봉황새' 이불감을 생산하게 되었다. 봉황새 이불감은 시장에 출하되자마자 혼숫감을 대표하는 상품이 되면서 높은 매출을 기록하게 되었다. 선경직물은 봉황새 이불감이 성공하면서 견직물 생산을 더욱 확대할 목적으로 제4공장 및 염색가공 공장을 신축하였다. 이로써 선경직물은 일관된 생산공정을 갖추게 된다.

이런 시기를 지나면서 선경직물은 나일론 직물 생산을 개시하였다. 나일론 직물은 전통적으로 직물업계가 계절을 타는 4월에 들어서도 판매에 있어 호조를 보일 뿐만 아니라 오히려 여름에 매출이 오르는 현상을 보였기에 매출의 계절성을 극복하려 했던 선경직물은 나일론 생산에 눈을 돌렸다. 그리하여 1959년 5월에 나일론 직물의 대량생산을 위한 직기를 인수하였다. 그러나 그 무렵 재일교포 북송 문제로 한 · 일간의 외교분쟁이 심각해지면서, 한국 정부는 6월 15일을 기하여 일체의 대일 통상을 중단하는 대응 조치를 단행하였다. 이러한 조치는 수출보다 수입이 주를 이루고 있었던 대일 통상의 특성상 국내 경제에 큰 타격을 주었다. 따라서 선경직물은 원사 난에 봉착하여 조업 중단이라는 최악의 사태에 빠졌다. 이런 문제들의 돌파구로 선경직물은 폴리에스터 직물에 눈을 돌리기 시작하였다. 선경직물은 그 당시 테트론 직물의 독점 생산으로 직물업계의 전반적인 불황 속에서도 현상 유지가 가능하였다. 이런 어려운 여건에서도 타 경쟁 업체와 달리 선경직물은 품질 향상을 위해 새로운 설비를 도입하거나 노후 직기를 새로운 직기로 대체하는 등 지속적인 시설 투자를 하였다. 선경직물은 1960년 6월에 '곰보 나일론'으로 또 한 번 국내 직물시장을 석권하기 위하여 엠보싱 캘린더를 발주하였다. 그러나 엠보싱 캘린더가 완성되기도 전에 4 · 19혁명이 일어났다. 사회 전반으로 민주화가 급속히 퍼지면서, 특히 대부분의 기업들은 노사분규로 어려움을 겪었으나 선경직물은 창업 이래 유지해왔던 노사 간의 가족적인 연대의식과 일체감 덕분에 정치 · 경제적 혼란 속에서도 정상적으로 가동되어 곰보 나일론을 대량생산할 수 있었다. 또한 고질적인 원사 난을 해결하기 위해 원사 비축에도 힘을 기울였다. 그 결과, 선경직물은 주요 활동무대를 수원에서 서울로 옮길 수 있었다.

1961년에 발생한 5 · 16쿠데타는 대다수 기업들에게 심각한 경영난을 안겨주었다. 또한 5 · 16쿠데타로 인한 일련의 비상조치르 말미암아 금융동결, 물가 동결로 모든 생산활동이 중단되고 상거래도 크게 위축되었다. 이 시기 선경직물이 겪는 경영난도 심각하였다. 그러나 이때 선경직물은 또 다른 기회를 잡을 수 있었다. 바로 군사정권의 수출 드라이브 정책이었다. 때마침 군사정부에서는 자립 경제기반을 구축하기 위해 강력한 수출 진흥정책을 추진할 것을 선언하고, 1961년 9월 18일에는 수출보조금 교부에 관한 임시조치법을 제정 · 공포한 데 이어 9월 22일에는 수출장려금 교부 규칙을 공포하였다. 그 무렵 국산 인견직이나 견직은 품질 면에서 수입품에 뒤지지 않고 비싼 수입원사 가격에도 불구하고 국내 임금이 낮았기 때문에 수출 유망종목들 중의 하나였다. 그 시기에 선경직물은 불황의 돌파구를 수출에서 찾고자 하였다. 그리하여 선경직물은 1962년 4월 8일에 국산 인견직물로는 최초로 홍콩으로 수출하게 되었다.

그러나 이 시기의 선경직물은 외형적으로 보유 직기 160여 대, 종업원 4백여 명으로 규모 면에서는 큰 성장을 이루었으나, 거듭되는 공장 증축과 생산설비 증설 및 내수 침체 등으로 막대한 부채를 지고 경영난에 허덕이고 있었다. 이런 어려운 시기에 최종현 회장이 선경직물의 부사장으로 취임하면서 내수 위주의 생산체제를 수출 위주의 생산체제로 전환하면서 경영환경이 크게 개선되었다. 1963년 1월 5일 정부는 수출진흥책의 일환으로 제1차 경제개발 5개년 계획을 수립하여 외화 수입을 증대시키는 한편 소득의 누출 현상을 가져오는 비생산적인 수입을 억제하고 수출입의 역조 현상을 방지할 목적으로 수출 실적에 국한해서 수입을 허가하는 이른바 수출 실적 링크제 실시를 발표하였다. 최종현 부사장은 그 해 3월 홍콩으로 가 한 달 동안 현지에 머물면서 현지 수입업자들과 끈질긴 상담 끝에 인견능직 3백만 마 수출 물량을 수주하는 데 성공하였다. 이 수출계약 총액은 전년도 실적의 무려 37배가 넘는 42만 6천 달러에 달하였다.

이 같은 노력의 결과로 최종건 회장이 1963년 8월 15일 금탑산업훈장을 수훈하게 되는 등 선경은 오랜 경영난에서 벗어나 국내 직물기업의 정상을 차지하게 되었다. 그 이후 선경의 성장에 큰 획을 그은 것은 1968년 3월 25일 아세테이트 공장의 기공식이라고 할 수 있으며, 같은 해 6월 10일에는 폴리에스텔 원사공장이 기공됨으로써 직물의 원료가 되는 수입원사를 국내에서 생산하게 되는 계기를 마련한 것으로 높은 평가를 받을 만한 사건이었다. 이 같은 공장의 완공을 위하여 우리나라의 민간기업으로서는 최초로 외화 대출을 실현하였다(SK그룹, 2006).

이로써 원사 제조업체인 선경합섬(주), 선경화섬(주)을 비롯해서 직물을 생산하는 선경직물(주)과 울산직물(주) 및 완제품 생산업체인 해외섬유(주)와 선산섬유(주)로 이루어진 선경그룹은 우리나라의 기업사에서 그 유례를 찾아보기 어려운 수직적 기업결합을 시도하기에 이르렀다(김성수, 2001).

2) SK의 도약: 수직계열화의 완성

선경의 제2창업기이자 수직계열화가 완성되는 시기는 바로 선경의 기업구조가 완성되는 1970년대에서 1980년대에 이르는 기간이다. 선경은 경영합리화를 위해서 사업 다변화 및 사업 영역을 확대하였다. 특히, 1973년 5월 7월에 선경유화(DMT공장)와 선경석유(정유공장)를 설립하기도 했는데, 이는 정부의 제3차 경제개발 5개년 계획에 의한 중화학공업 정책에 부응하기 위한 면도 있었지만, 화학섬유의 원료 산업인 석유화학공업으로의 진출이라는 것에 더 큰 의의가 있다. 직물 생산업체에서 원사 생산업체로 도약한 선경은 석유화학공업 진출을 계획하는 등 사업 영역을 확대하기 위한 투자를 계속하였으나 제1차 오일쇼크와 최종건 회장의 갑작스런 타계로 커다란 시련에 봉착하기도 하였다. 그러나 그룹의 새 총수가 된 최종현 회장은 "석유에서 섬유까지"라는 수직계열화의 원대한 목표를 세우고 이를 위한 장기적 계획을 펼쳐나갔다.

"석유에서 섬유까지"라는 비전은 "석유개발 → 석유정제 → 석유화학 → 섬유원료 → 섬유"의 수직계열화를 의미하며, 이 같은 수직계열화를 달성하기 위해 최종현 회장은 안으로는 오늘날 SK그룹의 경영도구로 활용되고 있는 SKMS를 개발하면서, 밖으로는 수직계열화를 달성하기 위해 선경직물(주)을 '주식회사 선경'으로 확대 · 개편하였고 이를 종합무역상사로 출범시켰다. 한편 그는 제1차 오일쇼크로 인해 합작 파트너인 이토추와 데이진이 철수하는 바람에 좌절된 석유화학업계 진출의 교두보를 마련하기 위해 중동 산유국들과 민간 경제외교를 착실히 펴나간 결과 민간기업으로는 최초로 원유를 직접 도입하는 성과를 거둠으로써 수직계열화의 초석을 쌓아나갔다.

선경그룹은 1980년 11월 당시 공기업이었던 대한석유공사를 인수하였다. 이로써 선경은 우리나라 재계 판도에 큰 변화를 가져왔다. 선경그룹은 우리나라 경제계에서 활발히 이루어진 기업의 계열화 전략이 효과적이라는 것을 인식하고, 중소기업들을 적극적으로 계열화하는 데 힘을 쏟았다. 그러나 재무건전성을 높여 국제경쟁력을 강화할 필요성이 대두되어, 불요불급한 계열사를 대폭 정리하여 기업의 내실을 기하였다. 즉, 동종 업종은 합병을 통해, 그리고 중소기업형 업종은 매각으로, 자본참여기업은 자본 철수 방법으로 정리하되, 누적 적자로 재무구조가 부실한 기업은 경영상태가 개선될 때까지 그 정리를 유보한다는 방침을 세웠다. 이와 같은 방침에 따라 해외섬유(주)의 월곡공장은 (주)선경에서 인수하고, 동천공장은 선경매그네틱(주)에서 인수함으로써 법적 청산 절차를 밟아 해산하고, 선경복장(주) 역시 (주)선경에서 인수하는 형식으로 해산하였다. 한편 설립 이후 경영실적이 거의 없는 선경반도체(주)와 경영실적이 좋지 않은 선경머린(주)은 폐업 형식으로 해산하였다. 이밖에 선경이 인수한 기업 중에서 기업 여건의 변화로 국제경쟁력을 잃게 된 선경기계(주) 및 선경목재(주)와 중소기업 업종인 (주)워커힐여행사, 워커힐교통(주), 선경식품(주), 선경유화(주)는 매각 처분하고, 자본참여 형식으로 계열화했던 영남방직(주)은 지분주식을 매각 · 정리하였다.

이렇게 계열사를 매각한 1조 5천억 원 상당의 자금을 기반으로 하여 정유회사 수준에 머물러 있던 (주)유공을 종합에너지 · 종합화학회사로 사업 영역을 확대하기 위해 석유화학 콤비나트의 건설을 추진하였다. 이로써 섬유를 주축으로 해온 그룹 구조를 화학공업 중심으로 전환하는 일대 기업 변신 계획을 추진하였다. 이런 장기 계획을 달성하기 위해 해외 석유개발 사업에 진출하는 한편 국내 도시가스 공급에도 적극 참여하였다. (주)유공은 1985년에 (주)유공가스를 설립하고 1987년에 세계 최대 능력을 자랑하는 27만 톤 규모의 울산 PG 공동기지를 완공한 후 각 지역에 원활한 도시가스를 공급하기 위해 구미도시가스(주), 청주도시가스(주),

포항도시가스(주), 중부도시가스(주)를 설립·운영하였다. 또한 종합에너지 기업을 지향했던 (주)유공은 1984년에 석탄산업에도 참여하였고, 날로 급증하는 LPG 수요에 대응하여 1987년 12월에 LPG 지하 저장고를 완공하고 구미·청주·포항 등에 도시가스 공장을 건설하였다(SK그룹, 2006).

이처럼 선경그룹은 1980년대 정유회사인 (주)유공 인수를 시발점으로 하여 수직계열화의 토대를 마련하였으며, 유공해운(주), (주)유공가스, 유공옥시케미칼(주) 등을 설립하여 수직계열화를 완성시켜 나갔다. 그리고 마침내 선경은 1991년 6월 15일에 울산 콤플렉스에서 제4정유시설을 비롯한 제2에티렌 생산시설 등 9개의 신규 공장에 대한 합동 준공식을 가짐으로써 원유 개발에서부터 석유화학공업의 하류 부분인 필름·석유·봉제에 이르는 완전한 수직계열화를 이룩하게 되었다. 그 결과, 수직계열화 시기인 10년간의 선경이 국민경제에 차지하는 GNP 대비 매출액은 평균 6.36%에 이르렀다. 특히 선경이 수직계열화를 이룩한 1990년과 1991년의 매출신장률은 전년 대비 25.5%와 24.2%로 GNP 성장률 18.82%와 24.82%를 앞지르게 되었다(한한수, 2001).

3) SK의 성장: 에너지·화학과 정보통신, 두 개의 축

유공은 1990년대 초중반 슈퍼마, 엔크린, ZIC 등 히트상품을 잇따라 출시하며 시장에 큰 반향을 일으켰다. 유공은 국내 최초로 선박용 엔진오일 자체 개발에 성공하여 1992년 7월부터 슈퍼마로 시판에 들어갔다. 유공이 개발한 선박용 엔진오일 슈퍼마 시리즈는 1986년부터 1991년까지 6년간의 연구와 제품 테스트를 거쳐 개발된 것으로 세계적인 선박 엔진 제조회사인 독일의 만(Man B&W)과 프랑스의 필스틱(Pielstic)사의 OEM 승인을 얻는 등 품질의 우수성을 인정받았다. 또한 1993년 8월에 유공은 울

산연구소가 2년여의 연구 끝에 개발한 첨단 SH급 엔진오일 하이플로골드를 출시하였다. 하이플로골드의 개발로 유공은 수입에 의존해오던 윤활유를 국산으로 대체시킴으로써 연간 약 200억 원의 수입 대체효과를 거두게 되었다. 더 나아가 유공은 현재까지도 시장 우위를 점하고 있는 ZIC를 1995년 10월에 시판에 들어간다. 또한, 유공의 YUBASE는 품질규격이 까다롭기로 정평이 있는 유럽과 일본 시장에도 국내 최초로 진출하여 1995년 12월 12일에 네덜란드에 3만 배럴, 1996년 1월에는 일본에 약 7천 배럴을 수출하였다. 게다가 1996년 4월 1일에 유공은 1986년에 체결한 미국 ESSO사와의 기술 및 상표 사용 계약을 해지함으로써 윤활유 사업의 명실상부한 기술 자립 시대를 열었다.

이 시기에 유공은 국내 최초로 휘발유 브랜드 엔크린을 출시하여, 휘발유 시장에서 큰 성공을 거두었다. 종전까지 수입에 의존해오던 연료유 첨가제 2종(연료유 청정제, 유동성 향상제)을 국내 최초로 개발하고 이를 활용하여 만든 유공의 휘발유는 1994년도 히트 상품으로 선정될 만큼 그 품질의 우수성을 인정받게 되었다. 이에 자신감을 얻은 유공은 엔클린이라는 브랜드로 고청정 휘발유 신제품을 출시하여 휘발유 시장에서 큰 성공을 거두었다. 이런 엔크린의 성공 뒤에는 제품 품질의 우수성이 있었을 뿐만 아니라 유통망의 개선 및 카드 마케팅이 성공의 밑거름이 되었다. 1995년 11월 15일에 서울 · 부산 등 6대 도시에 국한되었던 주유소간 거리 제한 철폐가 전국으로 확대되었다. 이런 위기를 극복하기 위해 유공은 주유소 신규 허가의 45%를 유치하였다. 유공은 이에서 한걸음 더 나아가, 석유시장 자유화를 대비할 뿐만 아니라 대형화를 통한 경쟁력 강화를 도모하기 위해 1997년 5월 16일에 자사 계열의 7개 석유대리점을 통합하였다. 이로 인해 전국에 산재되어 있던 유통망이 하나로 합쳐지게 되었고, 이 합병회사가 SK에너지 판매주식회사가 되었다. 이런 유통망의 확대 및 강화는 카드 마케팅과 결합하여 더욱더 시너지효과를 얻을 수 있었다. 1993년 7월 1일에 유공은 국내 정유사로서는 최초로 BC카드와 제휴카드 발행 계약을 체결하고, '유 앤 아이 카드'(YU&I CARD)라는 이름으로 제휴카드를 발행하였다. 또한 1997년 1월에는 엔크린 보너스카드를 발행함으로써 마케팅 컴퍼니로서의 첫걸음을 내디뎠다.

이 시기에 SK그룹 성장의 또 다른 축은 정보통신사업이었다. 선경은 21세기를 대비한 장기 경영전략으로서 정보통신사업 진출을 결정하였다. 정보통신 관련 기술 기반이 취약한 국내 현실을 감안하여 1989년에 미국에 현지법인인 유크로닉스(YUKRONICS)를 설립하여 미국에서 관련 사업을 전개하는 한편, 선경텔레컴(주)을 대한텔레콤(주)으로 변경하여 정보통신사업의 진출 기반을 구축하였다. 또한 국내외 우수 업체들로 최상의 컨소시엄을 구성한 결과, 1992년 8월에 대한텔레컴(주)은 제2이동전화 사업자로 선정되었다. 그러나 당시 대통령과의 특수 관계를 고려하여 최종현 회장은 사업 추진을 중단하기로 하였다. 그러나 SK그룹은 이에 좌절하지 않고 종합에너지 · 화학 및 종합정보통신을 두 축으로 하는 세계 일류기업을 목표로 끊임없이 노력을 경주하였고, 그 결과 마침내 1994년 7월에 한국이동통신(주)의 경영 주체가 되어 종합통신 기업으로의 진출 기반을 확보하는 데 성공하였다.

이후 한국이동통신(주)은 세계 최초의 CDMA 상용화를 이루었고, 이런 상용 서비스를 실시하기 위해 기지국을 적재적소에 세우고, 가장 효율적으로 설치 · 조정하는 최적화 작업을 수행하였다. 그리고 그 결과, 1996년 1월 1일에 한국이동통신은 인천 · 부천지역에서 CDMA 방식의 디지털 이동전화 서비스를 세계 최초로 개시하였고 그 해 4월 12일에 CDMA 이동전화 서비스 지역을 서울 등 수도권 지역으로 확대하였다. 한국이동통신은 CDMA 상용화 9개월여 만에 전국 주요 도시에 이동전화 서비스를 제공하게 되었다. 그리고 이를 통해 우리나라가 정보통신 강국으로 부상하는 데 일조하게 되었다(SK그룹, 2006).

4) 글로벌 컴퍼니로의 변신 시도

SK는 1997년 3월 24일에 한국이동통신을 SK텔레콤으로 변경한 데 이어, 10월 1일에는 유공을 비롯한 에너지 관련 5개사를 SK주식회사 등으로 사명을 바꿈으로써 CI(Corporate Identity) 체계를 확립해왔다. 그리고 마침내 1998년 1월 5일에 SK는 신CI 선포식에서 글로벌 시대 세계 초일류 기업을 향해 "고객이 OK할 때까지, 세계가 OK할 때까지"라는 모토로 SK의 새 출발을 다짐하였다.(주)선경은 그룹의 CI 변경 방침에 따라 1998년 1월 1일에 사명(社名)이 SK상사(영문명: SK Global)로 변경되었다. SK상사는 종합무역상사로서 기존의 역할을 충실히 하는 한편, 경쟁력이 없는 사업을 철수시키고 지식사업 구조로의 전환을 모색하고자 하였다. SK상사는 IMF체제라는 혹독한 경영환경의 타개책으로 1994년 11월 4일에 "턴어라운드 비전 선포식"에서 "가치를 만들어가는 지식기업"이라는 21세기 비전을 선포함으로써 구체적인 윤곽이 드러났다. SK는 가치를 만들기 위해선 고객의 욕구를 파악하고 그 욕구를 만족시키는 서비스 제공이 무엇보다 중요하다고 생각하였다. 그리고 이런 일련의 활동을 위해서 SK상사는 SK유통, SK에너지판매를 잇달아 합병하며 마케팅 전문회사로의 변화를 모색하였다.

SK상사는 인터넷 시대를 맞아 빠르게 변화하는 고객의 욕구를 충족시키기 위해서는 다양하고 폭넓은 네트워크의 확보가 필수적이라고 판단하였다. SK그룹은 이동전화 011 대리점 및 주유소 채널을 활용, 정보통신 및 인터넷과 연계하여 궁극적으로 고객에게 다양한 부가서비스를 제공할 수 있는 잠재력을 가지고 있었다. 이 같은 차별화된 서비스를 통한 가치

창출 노력은 SK텔레콤의 마케팅 전략과 성과를 보면 쉽게 이해할 수 있다. 1998년 5월 21일에 SK텔레콤의 이동전화 가입자가 CDMA 상용화 3년 만에 500만 명을 넘어섰다. 또한 Speed 011은 1999년에는 한국산업 브랜드파워 조사 결과, 이동전화 부문 1위로 선정되었다. 그러나 SK텔레콤은 20대의 젊은 층에서는 약세를 면치 못하고 있는 실정이었다. 이에 따라 1999년 7월에 SK텔레콤은 신세대를 위한 신개념의 이동전화 브랜드 TTL을 내놓는다. SK텔레콤은 20대의 통화 패턴에 맞는 요금제와 TTL 멤버십카드 및 20대 기호에 맞는 전용 단말기 등으로 브랜드를 구성하였을 뿐만 아니라 신인 광고모델을 기용하여 신비감과 호기심을 자극하는 광고를 통해 TTL은 세간의 화제를 일으키면서 큰 성공을 거두었다. 그 결과, 그 해 12월 24일에 가입 고객 1천만 명을 돌파하여 경제활동인구의 3분의 1이 SK텔레콤의 고객이 된 셈이었다. 또한 Speed 011의 무선데이터 종합 브랜드인 n.TOP을 출시하여 본격적으로 무선데이터 서비스 시장을 개척하여, 결국 2001년 10월에 국내 최초로 유무선을 통합한 신개념의 인터넷 서비스 NATE가 탄생하였다. 이로써 SK텔레콤은 각종 유무선 단말기를 활용해 인터넷에 접속하여 개인화된 서비스를 이용할 수 있는 차세대 멀티인터넷 서비스를 통해 새로운 인터넷 비즈니스 모델을 제시하였다.

이 시기 SK그룹은 초일류 기업을 위해 마케팅의 중요성을 강조할 뿐만 아니라 R&D에도 많은 노력을 기울였다. 그 결과 SK케미칼이 SK제약과 함께 개발한 국내 신약 제1호 '선플라'를 시판했다. 1990년대 초반부터 개발에 착수한 선플라는 1999년 1월에 제2임상시험을 완료하였고, 3월 초에 8개 임상병원의 임상시험심사위원회(IBR)의 심의를 모두 통과하였다. 선플라는 같은 해 6월 24일에 중앙약사심의위원회의 심의를 통과하였고, 7월 14일에 식품의약품안전청으로부터 최종 발매 허가를 획득함으로써 국산 신약 1호가 되었다. SK케미칼은 선플라 발매 허가 획득의 여세를 몰아 2000년 7월 13일에 유전자 연구를 통한 진단 시스템과 의약품 및 단백질 개발을 맡을 바이오벤처 인투젠(In2Gen)의 설립 조인식을 가졌다. 선플라에 이은 또 다른 성과는 국내 천연물 신약 1호인 '조인스' 정이다. 2001년 7월 10일에 SK제약과 SK케미칼이 개발한 관절염 치료제 조인스 정이 식품의약품안전청으로부터 제품 품목 허가를 획득하였고, 천연물신약개발촉진법에 따라 국내 천연물 신약 1호가 되었다. 게다가 조인스 정은 2002년 3월부터 오스트레일리아에서도 판매되기 시작하였다.

이 시기 R&D 상의 노력은 SK텔레콤이 2000년 12월 15일에 IMT-2000 사업자로 선정될 수 있는 밑거름이 되었다. SK텔레콤은 사업자 선정에 앞서 1994년부터 IMT-2000 관련 기술 개발을 시작하였으며, 본격적인 IMT-2000 사업 추진을 위하여 1999년 5월에 3개 팀으로 구성된 사장 직속의 본부급 조직인 IMT-2000 사업추진본부를 발족하였고 이를 그 해 12월에 IMT-2000 사업추진단으로 확대 · 개편하였다. 그 결과 1996년에는 핵심 기술인 모뎀 ASIC칩 개발에 성공하였고 1999년 11월에 IMT-2000 국제표준규격에 SK텔레콤의 기술이 채택됨으로써 국내 사업자 중에서는 유일하게 IMT-2000에서의 지적 재산권을 확보하는 성과를 이루었다.

SK텔레콤은 또한 신세기통신과 합병을 통해 세계적 추세인 대형 정보통신회사 간의 M&A에 대비하여 경쟁력을 갖출 수 있었다. 1999년 12월 24일에 SK텔레콤은 공정거래위원회에 신세기 통신의 지분 51.9%를 기존 대주주인 포스코와 코오롱으로부터 인수한다는 기업결합 신고서를 제출하였다. 이에 공정위원회는 2001년 6월까지 시장점유율을 50% 이하로 낮추고 SK텔레텍 단말기 생산 대수를 2005년까지 120만 대 이하로 유지한다는 조건을 달아 기업결합을 허용하였다. 이리하여 SK텔레콤은 단계적 신규 가입 축소 조치를 시행하는 동시 신세기통신의 불량 가입자 정리를 적극 유도하여 시장점유율을 50% 이하로 유지할 수 있었다. 그 결과 2002년 1월 11일에 정보통신부의 승인을 얻어 1월 13일에 신세기통신과의 합병을 완결하였다(SK그룹, 2006).

국내에서 SK그룹은 2009년 현재 참여하고 있는 대부분의 산업에서 경쟁기업을 압도하는 성과를 내고 있다. SK그룹은 이에서 한걸음 더 나아가 외국 시장에 적극 진출하여 글로벌 시장에서의 존재감을 제고하고자 노력하고 있다. 특히 SK텔레콤은 베트남, 몽골, 그리고 독립국가연합의 다케스탄에서 이동통신 사업을 전개하고 있고 또한 호주의 텔스트라, 브라질의 텔레SP, 중국의 차이나유니콤 등에는 이동전화 운용기술을 수출하기도 하였다. SK는 고객의 욕구를 정확히 파악하고 이를 바탕으로 차별화된 서비스를 제공하는 혁신적이고 국제적인 종합마케팅 회사로 거듭난다는 목표 아래 기존의 에너지 · 화학 및 정보통신 산업에서의 우위를 다질 뿐만 아니라 생명과학 · 인터넷 사업 등에서 새로운 비즈니스 모델을 발굴하고자 노력하고 있다. 이 같은 SK그룹의 괄목한 성장과 성과의 밑바탕에는 인재를 중시하는 SKMS가 있었다. 다음 장에서는 SKMS가 어떻게 변천해왔는지를 살펴보고자 한다.

2. SKMS의 변천사

SKMS(SK 경영관리체계)는 1975년부터 구체화시켜왔던 선경그룹의 경영이념과 경영기법을 집대성한 것으로 SKMS의 핵심은 사람들의 능력 활용을 극대화하여 이를 그룹의 핵심경쟁우위 요소로 삼고자 하는 것이다. SKMS가 정립된 이후 지속적으로 확산 · 실천되면서, SKMS로 인해 구성원의 경영지식이 많이 향상되었고, 명확한 정의를 통해 경영의 기본 개념에 대한 혼란이 줄어들어 구성원들 간의 커뮤니케이션이 향상되었으며, 노사관계의 안정화를 이루는 등의 성과를 얻을 수 있었다. 그러나 이윤 극대화 측면에서의 성과는 기대에 미치지 못하는 것으로 평가되었다. 현실에서는 기업 종업원들이 실제 SKMS를 실천하는 것을 어려워하여, 그 결과 SKMS가 높은 경영성과로 연결되지는 못하였다. 또한 세계화라는 무한경쟁 시대를 맞이하면서, 생존을 뛰어넘어 세계 일류기업이 되기 위해서는 새로운 경영기법의 수립이 필요하였다. 이런 SKMS의 효율적인 추구와 외부의 환경 변화에 능동적으로 대처하기 위하여 1989년에 SUPEX 추구법이 도입되었다. 즉, 세계화 시대에 선경이 세계적인 일류기업이 되기 위해서는 인간의 능력으로 해낼 수 있는 최상의 경영활동의 수준(SUPEX)을 추구해야 한다는 것이다.

SUPEX 추구법 도입 직후에도 실제 실천에는 어려움이 있었다. 구성원들이 명확한 일처리 방법을 갖고 있지 않거나 갖고 있다고 하더라도 그 방법들이 적합하지 않는 문제점을 해결하고자 "일처리 5단계"가 만들어졌다. 이런 일처리 5단계를 적용하고부터 성과가 조금씩 나타나기 시작하였다. 그러나 이런 성과도 이윤 극대화로 연결되지 못하는 사례가 종종 있었다. 왜냐하면 마케팅(M), 생산(P), 연구개발(R) 중 어느 하나가 SUPEX 추구를 통해 성과를 낸다고 해도 다른 쪽에서 같이 참여하지 않았기 때문이다. 그리하여 이를 해결하고자 상품별로 M, P, R이 하나가 되어 움직이는 MPR 조직운영법이 제시되었다. 그러나 MPR이 일선에서 열심히 뛰려고 해도 지원(supporting) 부서와 임원층(top management)이 이를 충분히 지원해주지 않을 경우 MPR만으로는 한계가 있었다. 즉, 지원부서가 MPR을 최대한 Lead, Help, Check하여 상품별 MPR이 강한 힘을 발휘할 수 있게 하며(MPR/S), 이와 동시에 사장을 비롯한 임원들이 처음부터

MPR/S를 Lead, Help, Check하는 MPR/S/T의 조직운영법이 제시되었다(이근철, 2000). 이에 따라 회사의 사원에서 임원층에 이르기까지 조직의 모든 힘이 SUPEX 추구에 집중되고, 조직 간 또는 상하 간의 커뮤니케이션이 원활하게 이루어져 일처리 속도가 최대한 빨라지게 되었다. 또한 SUPEX 추구가 진행되면서 SUPEX 추구의 성패에 부서장의 리더십과 지식이 매우 중요한 요소임이 부각되면서, EMD(Executive Management Development)를 통해 이를 뒷받침하도록 하였다.

SK그룹의 성장과 함께해온 SK그룹만의 고유하면서도 강력한 경영 소프트웨어인 SKMS는 2004년에 그 뿌리가 바뀌는 일대 변혁이 이루어졌다. 2004년 10월에 SK 최고경영자 세미나에서 SK는 기업 이념을 이윤 극대화에서 행복 극대화로 변경하고 강한 기업, 신뢰받는 기업, 행복한 사회를 3대 추구 가치로 설정하였다. 복잡다단해진 사회에서 기업은 이윤만을 추구하기보다는 회사와 고객, 기업 구성원 등 이해관계자의 행복을 위해 존재해야 한다는 것이 당시 경영진의 청사진이었다. 그룹의 존재이유를 이해관계자들의 행복 극대화로 명시하는 데까지 진화한 SKMS는 21세기로 들어서면서 그 초점을 이윤 극대화라는 기업이념에서 이해관계자의 행복 극대화로, 재벌기업에서 기업문화와 브랜드를 공유하는 네트워크로, 1인 의사결정 체제에서 동시다중 의사결정 체제로, 주식네트워크에서 고객네트워크로 변경하기에 이르렀다.

3. SK그룹의 역사에 있어서 SKMS의 위치

원래 SKMS를 정립한 이유는 많은 경영방법 중에서 SK인(人) 모두가 합의한 경영관리 체계를 만들기 위함이었다. 1953년에 창업주인 최종건 회장은 선경직물(주)로 출발하여 1960년대에 선경합섬(주), 해외섬유(주)를 설립하여 섬유류 수출입에 주력하였다. 이때 SK그룹은 모기업인 선경직물(주)을 비롯하여 마산직물(주), 선경화섬(주), 선경합섬(주), 해외섬유(주), 선삼섬유(주)와 선경산업(주) 등 원사에서 완제품에 이르는 섬유기업 집단을 이루게 되었다. 따라서 회사마다 조직이 다르고 생산 및 판매구조가 다르기 때문에 최종건 회장 한 사람이 직접 모든 회사를 관장하는 데 어려움이 많았다. 그리하여 1971년 1월 1일을 기하여 창업 이후 최초의 업무 분담을 위한 인사를 단행하였다. 이때 최종건 회장은 선경화섬(주)과 선경합섬(주) 사장직만 맡고 여타 4개 사의 회장으로 취임하였다. 그럼에도 불구하고 경영 여건이 눈에 띄게 나아지지는 않았다.

이때 선경직물(주) 사장으로 취임했던 최종현 회장은 이런 난관을 타파하고자 협동(cooperation)과 조정(coordination)을 통한 경영합리화를 추구하였다. 최종현 회장은 회사의 조직을 잘 운영하기 위해서는 조직이 유기적으로 구성되어야 하며 이를 위해서 구성원의 협동과 조정이 필수적이라고 생각하였다. 사공이 많으면 배가 산으로 간다는 말이 있듯이 각자 다른 지식을 가진 여러 사람이 모일 때 공통의 합의나 의사결정을 내리기가 어려워져 구성원의 힘을 모으는 데 있어서 효율이 떨어질 수 있다는 점을 염두에 둔 것이었다. 이런 비효율성을 극복하기 위해 SKMS는 중요한 경영원리에 대해 통일된 정의를 내리고 내용을 체계적으로 정립한 것으로 기업경영에서 현실적으로 꼭 필요하다고 판단되는 부분을 중심으로 정리한 것이다. 이때가 1979년이었다. 1979년에 재계 순위 10위에 진입한 SK그룹은 1980년대 초에 대한석유공사를 인수함으로써 1981년에는 1조 원의 매출과 600억 원의 이익을 올려 우리나라 다섯 번째의 대기업군으로 부상하였다(이건희, 2001). 이를 계기로 SK그룹은 "석유에서 섬유까지"의 수직계열화의 기치를 내걸고 석유정제 및 석유화학산업 부문에까지 사업 영역을 확장하였다.

수직계열화의 사업계획이 가시화되기 시작하던 1980년 초부터 SK그룹은 다가올 21세기의 세계화 시대에 대응하는 사업을 구상하였다. 특히 그 당시 세계경제의 글로벌 현상이 급속히 진행되면서, 이런 경영환경에서 기존의 SKMS만으로는 기업의 성장 그리고 더 나아가 세계 일류기업에 도달하기 어렵다고 판단하였다. 이런 인식의 산물이 바로 SKMS를 실천하기 위한 도구인 SUPEX 추구법이다. SKMS가 경영원리라면 SUPEX 추구법은 그 실천 방안으로 1989년에 도입되었다.

SUPEX는 "Super Excellent" 수준을 말하며 경영성과를 내는 데 핵심이 되는 지표에서 '인간의 능력으로 도달할 수 있는 최상의 수준'을 지향하며, 이는 일반적으로 해당 산업에서 세계 최고의 기업이 앞으로 10년 후에 도달할 수 있는 수준보다 한 차원 더 높은 목표이다. 선경그룹은 이러한 목표를 달성하기 위한 조직구성원들의 자발적이고 의욕적인 자세를 바탕으로 세계 일류기업으로 발돋움하고자 하였다. 최종현 회장은 남들이 불가능하다고 생각했던 수직계열화의 추구나 대한석유공사의 인수 모두가 선경이 도달할 수 있다고 생각했던 수준보다 한 차원 높은 목표를 설정하고 그 목표를 달성하려는 의욕적인 노력의 결과라고 생각하고 이런 성과를 도달하게 해준 SUPEX 추구법을 선경의 다른 구성원들에게도 전파하고자 하였다. 그리하여 최종현 회장은 1992년에 SUPEX 추구를 독려하기 위해 그 해 4월에는 SKC 수원공장, SKC 천안공장, 선경인더스트리 수원공장과 수원직물공장 등을 차례로 돌아보며, SUPEX 추구 현황에 대해 보고를 받았다. 이는 1994년의 SUPEX 추구 촉진대회로 자연스럽게 이어졌다. 그리고 이 대회를 통해 SKMS 및 SUPEX 추구에 대한 전체 조직구성원의 공동의 이해와 합의를 도출하여 조직구성원들이 자발적으로 SKMS 및 SUPEX를 추구하게 되는 발판을 마련하게 되었다.

최종현 회장은 SUPEX 추구의 산물들 중 특히 두드러진 성과를 모두 불가능하다고 했던 목표인 폴리에스터 원사 생산회사로의 도약 및 수직 계열화의 완성이라고 말하곤 하였다. 그리고 SUPEX 추구의 또 다른 괄목할 만한 성과가 바로 정보통신 사업의 진출이었다. SK그룹은 가능한 한 타기업들과의 경쟁을 피하고 국가산업의 발전에도 기여할 수 있을 뿐만 아니라 세계화 시대에서 성장 가능성이 높은 정보통신 사업에 진출하기로 결정하고, 1986년에는 미국에 있는 경영기획실에 텔레커뮤니케이션 팀을 발족시키고 1989년에 미국에 현지법인인 유크로닉스(YUKRONICS)를 설립하였다. 그 결과, 마침내 1994년에는 한국이동통신(현재 SK텔레콤) 경영권을 인수하게 되었다. 이런 성과를 통해 SK그룹은 기업경영관리 체계 및 기업문화로써의 SKMS 및 SUPEX 추구법의 우월성을 경험하게 되었고 최근에는 사이노펙(SINOPEC)의 국장급 이상 150명을 대상으로 한 강연을 시발점으로 이를 중국에까지 전파하고자 노력하고 있다.

SK그룹만의 자산인 SKMS 경영기법의 효율성은 2002년 SKT와 신세기통신 간의 기업결합에서도 다시 한 번 발휘되었다. SKMS는 SK의 기업문화적 우위에 대한 근거로 사용하여 피합병된 구성원들이 느끼는 불확실성과 새로운 경영체제에 대한 저항을 줄여주었다. 또한 인간 위주의 경영이 갖는 구성원 존중의 철학이 피합병된 구성원들의 정서적 불안감과 거부감 등을 상당 부분 희석시켜주어, 인수라는 물리적 통합을 뛰어넘어 문화적 통합을 구현함으로써 구성원들에게 비교적 단시일 내에 소속감 및 일체감을 제공하였다. 그리고 SKMS는 피합병된 조직의 구성원들에게 통일된 SK Value System을 심어주는 데 기여하여, 공동의 명확한 목표와 방향성을 제시하고 업무 수행의 가이드라인을 제공하여 업무상에서의 일체감을 갖게 하는 데에도 일조하였다.

한편, SUPEX를 추구하기 위해 만들어진 캔미팅(can meeting) 제도는 일상 업무상의 회의와는 달리 조직구성원들이 수시로 가능한 일상의 업무활동으로부터 독립된 장소에서 정해진 경영 과제에 대하여 격의 없이 자유롭게 논의하는 회합이다. 격의 없이 자유롭게 논의한다는 것은 캔미팅에 있어 가장 중요한 요소로서 상하의 구별 없이 대등한 입장에서 허심탄회하게 진지한 대화를 유도하여 구성원 각자가 자발적이고 의욕적인 자세로 생각을 한 방향으로 모아가는 효율적인 시스템이라고 할 수 있다. 이런 캔미팅을 통해 형성된 기업문화의 정착은 노사관계에도 반영되어 SK그룹은 그동안 노사분규를 최소화할 수 있었으며, 구성원 모두가 합의된 목표로 나아갈 수 있는 경영 풍토를 조성하는 데 성공하였다. 더 나아가 이질적인 조직구성원들에게 공동 목표에 대한 합의 도출을 용이하게 할 뿐만 아니라 비교적 단시일 내에 소속감 및 일체감을 제공할 수 있었다.

2004년의 개정을 통해 그 초점이 이윤 극대화라는 기업이념에서 이해관계자의 행복 극대화로, 재벌기업에서 기업문화와 브랜드를 공유하는 네트워크로, 1인 의사결정 체제에서 동시다중 의사결정 체제로, 주식네트워크에서 고객네트워크로 변화되고 진화된 SKMS는 이사회 중심의 투명 경영을 선언하고 이사회 중심 경영체제의 확립을 가속화하였다. 또한 2004년 7월 22일에 SK 자원봉사대의 발대식을 열고, 그 해 한국 사랑의 집짓기 행사의 건축 후원금 모금 참여와 함께 구성원들은 자원봉사활동을 펼쳤다. SK의 사회공헌활동 및 사회봉사활동은 불우이웃돕기와 같은 우리 사회의 절대적 약자에 대한 배려뿐만 아니라, SK와의 관계에서 경쟁관계에 있는 다른 사업자나 관련 사업자 그리고 더 나아가 상대적 약자인 중소기업 협력업체, 일반 시민에 대한 배려로까지 확대되고 있다. 예를 들면, SK텔레콤은 삼성전자와 공동으로 2004년에 대한민국 희망 프로젝트를 실시하여 총 2억 원의 창업 자금을 지원하는 등 행복 극대화 경영 차원에서 중소기업 협력업체들이 실질적인 사업 파트너로서 함께 발전해나갈 수 있는 다양한 방안을 지속적으로 마련해나가고 있다. 이해관계자들의 행복 추구에 기여하고자 하는 SK의 노력은 SK의 새로운 로고 "행복날개"의 발표로까지 이어졌다.

이 같은 SKMS의 진화와 발전에도 불구하고 앞으로 SKMS가 SK그룹의 경영에 더 많은 공헌을 하기 위해서는 풀어야 할 많은 문제들이 산적해 있는 것도 사실이다. 첫째, SKMS가 그룹의 경영에 가장 크게 공헌해왔던 부분은 경영과 관련된 용어의 그룹 내 통일을 기함으로써 커뮤니케이션을 용이하게 할 수 있도록 만들었다는 점일 것이다. 그러나 이에서 한걸음 더 나아가서 SKMS가 경영 일선에서 그룹의 구성원들이 해결해야 하는 문제들을 해결하는 데 결정적인 도움을 줄 수 있는 지식경영의 플랫폼으로서의 역할을 할 수 있으려면 아직도 많은 발전이 있어야 할 것으로 판단된다. 이 연구는 우선 지식경영의 플랫폼으로서의 SKMS가 현재 SK그룹 내에서 어떻게 활용되고 있으며, 그 성과는 무엇인가를 살펴보고, 이에서 한걸음 더 나아가서 어떤 방향으로 개선되어야 하는지에 초점을 맞추어 진행되었다.

참고문헌

김성수(2001), 「최종현의 생애와 경영이념」, 『경영사학』 25, pp. 7~52.

이건희(2001), 「SK그룹의 발전과 경영전략」, 『경영사학』 25, pp. 95~164.

이근철(2000), 「SK텔레콤의 기업문화」, 『임금연구』 8(4), pp. 93~103.

한한수(2001), 「SK그룹의 성장과 발전」, 『경영사학』 25, pp. 53~93.

SK그룹(2006), 『SK 50년 패기와 지성의 여정』, SK그룹 홍보실.

SK그룹(2008), 『SKMS』, SK 사내 자료.

제2장

SKMS의 의의 및 주요 내용

SKMS는 모든 SK그룹 성원이 이를 바탕으로 경영의 본질을 파악하여 이를 의사결정의 기준으로 삼음으로써 경영관리 수준을 높이고 21세기 글로벌 시대에 맞는 경영 우위를 확보하기 위해 제정되었다. 제2장에서는 SKMS의 의의를 먼저 설명한 후 SKMS의 내용에 대해 보다 자세히 설명하도록 하겠다. SKMS의 의의는 크게 현대 경영매뉴얼의 최종 진화 형태로서의 의의, 지식기반 조직에서 지식 플랫폼으로서의 의의, 그리고 기업문화를 구축하는 기반으로서의 의의 등 세 가지로 나누어볼 수 있다.

1. SKMS의 의의

1) 현대 경영매뉴얼의 최종 진화 형태로서의 의의

세상에는 많은 경영매뉴얼이 있고 전략적 상황 분석을 위한 프레임워크도 범람하는 상황이다. 아마도 현대 경영매뉴얼의 원류는 프레드릭 테일러(Frederick Taylor)의 '공장관리법'(1903)과 '과학적 관리의 제원리'(1911)

에서 그 기원을 찾을 수 있을 것이다(Taylor, 1911). 후학들에 의해 테일러 시스템(Taylor system)이라고 명명된 이 매뉴얼은 작업 과정의 능률을 최고로 높이기 위하여 시간 연구와 동작 연구를 기초로 노동의 표준량을 정하고, 임금을 작업량에 따라 지급하는 등 여러 가지로 합리적인 방법을 제시하였다.

테일러의 업적은 종래에 근로자의 창의와 상사의 경험과 주관에 의존하던 작업관리를 관리자의 과학적인 과업설정(課業設定)이라는 계획적 관리로 전환시켰다는 데서 찾을 수 있을 것이다. 테일러는 임금 인하를 방지할 수 있는 기준으로서 과업제도(課業制度: task system)를 구상하였는데 과업제도는 공평한 1일의 작업량(a fair day's work)을 합리적으로 결정하고, 그에 의하여 근로자의 작업표준을 결정하는 기준이다. 이 방법을 통해 기업은 종래의 자의적인 과업 결정방법을 배제하고 과학적인 시간 연구를 바탕으로 한 표준화된 작업 조건과 작업 방법 하에서 과업관리를 하게 되었다. 테일러 시스템은 그 본래의 의도대로 작동할 경우에 노동생산성 향상에 따라 근로자는 고임금을 받게 되는 동시에 기업주는 일정 금액에 대한 생산량 증가에 따른 저노무비의 혜택을 받게 되는 노사가 '윈윈'하는 경영매뉴얼로 각광받을 수 있었을 것이다. 그러나 실제로 테일러의 방법이 한동안 구미공장의 생산성을 높였음에도 더 이상 확산되지 않은 것은 지나치게 인간을 기계적으로, 즉 생산을 위한 생산설비의 하나처럼 간주하였기 때문이다. 또한 이러한 기계적 접근은 인간을 경제적 동물로 간주하고 오직 금전으로만 동기부여가 될 것으로 보았다는 점이다. 인간 행동을 단순히 경제적 징벌(또는 보상)로 통제하려 하는 것보다는 도덕심이나 비경제적인 유인으로 동기부여하는 것이 훨씬 더 효과적일 수도 있음을 시사하는 연구도 많기 때문이다. 그런데 이 점을 무시하였기 때문에 노동조합 측이나 일반사회의 완벽한 지지를 받지는 못하였다. 또한 인간

노동을 기계화하여 노동생산성을 높이는 데만 치중하였기 때문에 인간의 심리적 · 생리적 · 사회적 측면에 대한 고려를 하지 않았다는 비판에서 자유로울 수 없었다.

한편 테일러와 동시대 사람인 프랑스의 앙리 파욜(Henri Fayol)은 기업의 경영활동의 효율적 수행과 관련하여 새로운 이론을 제시하였다. 그는 최고관리자의 관점에서 관리의 문제를 연구한 저술을 1916년에 펴냈다(Fayol, 1916). 그는 계획 · 조직 · 명령 · 조정 · 통제 등 관리의 요소를 확인하였으며 분업 · 명령통일 · 집권화 · 계층제 등 14개 국면에 관한 관리의 원리를 제시하였다. 그의 전반적인 논조는 집권화되고 기능적으로 전문화된 조직구조 그리고 면밀한 감독과 통제를 강조하는 것이었다. 파욜로 대표되는 행정관리학파는 그들의 전제가 지나치게 경제적 인간(Homo Economicus)을 염두에 두고 있다는 점에서 비판을 받았다. 즉 테일러와 마찬가지로 파욜의 이론 역시 인간이 이기적이고 오로지 경제적 유인에 의해서만 동기부여가 된다거나 자율적으로 일하기보다는 지시 받기를 원한다든지 하는 전제에 바탕을 둔 것이었다. 그러나 파욜의 이론은 경영학의 출범 초기에 기업관리 방법의 매뉴얼로서 큰 각광을 받았으며 그의 이론은 후대의 이론 발전에 준거를 제공해왔다. 그들의 원리가 비록 보편적인 것이 아니라고 해도 오늘날에도 조직설계와 운영의 실제에서 중요한 기준을 제시해주고 있다.

테일러나 파욜 등의 초기의 경영이론들의 지나치게 기계적인 접근방식에 제동을 건 것은 호손실험을 주도한 부시(Vannever Bush)와 바커(Joseph Barker), 그리고 메이요(Elton Mayo) 등이었다. 이들 하버드대학의 연구자들은 1924~1932년에 미국 시카고 교외에 있는 유수의 전화기 메이커인 웨스턴 일렉트릭 사의 호손공장(Hawthorne factory)에서 실험을 행했다(Mayo, 1945). 연구자들은 한 작업실 안에서는 조명의 밝기를 다양하게 조

절했고, 다른 작업실에서는 조명을 계속 일정하게 유지했다. 그런 뒤 두 집단의 작업성과를 비교해보았다. 그러나 결과적으로 두 집단 모두 성과가 증가했고, 심지어 조명의 밝기를 낮추었음에도 불구하고 생산성은 양쪽에서 모두 향상되었다. 부시와 바커는 이 실험 결과를 통해 작업 능률을 결정하는 것은 작업환경이나 돈이 아니라 종업원의 심리적 안정감이며, 사내 친구관계, 비공식 조직, 친목회 등이라고 결론 내렸다. 메이요가 진행한 배선작업 실험에서는 인간이 사회의 정해진 공식 집단의 규율뿐만 아니라 노동하는 동료들 사이에서 자연스럽게 발생한 비공식 집단의 통제력에 의해서도 움직이는 사회적 존재라는 사실을 알게 되었다. 즉 인간은 단순한 호모 이코노미쿠스(Homo economicus)가 아니라 감정을 가진 존재이며, 따라서 사회적 · 심리적 욕구가 중요하고 이의 충족을 통해 동기부여가 되고 성과가 높아진다는 것이다. 두 실험에서 작업 능률을 결정한 것은 돈이나 조명 밝기 등의 조건이 아니고 '자신들이 주목받고 있다는 사실'과 '사회적 관계에 의한 비공식적 규율'이었다.

한편 1940~1950년대 이후 현대 경영학이론은 경영학 자체가 재무 · 회계 · 마케팅 · 인사 · 전략 · 정보시스템 등의 다양한 분파로 나뉘면서 엄청난 전문성과 이론적 체계를 갖추게 되었다. 따라서 더 이상 조직관리 방법만으로 엄청나게 다양해진 경영 전반을 아우르는 매뉴얼을 만드는 것은 사실상 불가능하게 되었다. 따라서 20세기 중반 이후 등장한 많은 경영매뉴얼들은 대개 경영학의 여러 분야 중의 한 분야에 집중하여 '어떤 상황에서는 어떻게 하라'라는 당위론적인 전략을 제시하는 지침서의 성격을 띠게 되었다. 등장 시기로 보면 SKMS는 바로 그런 경영학 여러 분야의 매뉴얼들이 쏟아져 나오는 시점에 등장하였다. 그러나 SKMS는 비슷한 시기에 쏟아져 나온 경영매뉴얼과는 다음에 두 가지 면에서 차이가 있다.

첫째로 SKMS는 고(故) 최종현 SK그룹 회장이 자신의 기업경영 경험을 토대로 실제 경영에서 활용될 수 있는 경영관리 체계를 완성하고자 SK그룹 주도로 마련되었다는 점이다. 즉 기존의 경영매뉴얼들이 주로 학자들이나 경영컨설턴트들에 의하여 주도되어 쓰인 반면 SKMS는 철저하게 기업의 주도로 쓰인 경영매뉴얼이다. 이는 국내에서는 당연히 최초의 시도였고 해외의 경우까지 포함하여도 대단히 드문 경우였다.

둘째로 SKMS는 같은 시기의 다른 경영매뉴얼들이 전략 · 인사관리 · 생산 · 마케팅 등의 경영학 특정 분야의 주제만을 다루고 있는 데 반하여 경영학의 모든 분야를 망라한 종합 매뉴얼의 성격을 갖고 있다. 앞서 밝힌 대로 최초 SKMS를 정립한 이유는 많은 경영 방법 중에서 SK인(人) 모두가 합의한 경영관리 체계를 만들기 위함이었다. 1953년에 선경직물로 시작한 SK그룹은 1970년대 초반에 이미 7~8개의 계열사를 거느린 중견기업이 되었다. 이때 선경직물(주) 사장으로 취임했던 최종현 회장은 이런 난관을 타파하고자 협동(cooperation)과 조정(coordination)을 통한 경영합리화가 필요하다고 판단하였다. 일례로 마케팅 업무 담당자와 생산 담당자는 서로 다른 언어로 이야기하고, 다른 문화를 가지며, 다른 사람들을 상대로 업무를 진행한다. 그러나 이들 실무자들이 협동과 조정을 하지 않으면 조직은 제대로 운영되기 어렵다. 따라서 최종현 회장은 한 분야의 전문가만을 양성하는 매뉴얼보다는 경영 모든 분야에 기초적인 지식을 갖고 모든 기업 구성원이 공통의 언어를 사용하도록 해주는 매뉴얼이 필요하다는 결론을 내린 것이다.

다음 쪽의 [그림 1]에서 보듯이 SKMS는 기업경영에 관한 본질과 방향을 정리한 경영기본이념과 이를 구현하기 위한 경영 실행원리 및 경영 관리요소로 구성되어 있다. 경영기본이념은 SK가 보는 기업관 · 추구가치 · 경영원칙으로 이루어져 있는데, SKMS는 기업이 추구가치를 지속적으로 실현하기 위하여, 도달할 수 있는 최고의 수준을 "super-excellent" 수준, 즉 일명 SUPEX라고 정의한다. 경영 실행원리는 바로 이 SUPEX 수준에 도달하기 위한 구체적인 방법인 SKMS의 실행원리, SUPEX 목표/실행 전략, 구성원과 리더의 역할, SUPEX 추구를 위한 환경 조성 등에 대한 설명으로 이루어져 있다. 경영 실행원리의 핵심을 이루는 부분은 To-be Model이라고 할 수 있는데, To-be Model은 궁극적으로 SUPEX 수준에 도달하기 위해, 지속적으로 '도전적이지만 달성 가능한 한 단계 높은 수준의 목표'('challenging but achievable goal')를 달성해나감으로써 'Better Company'를 만들어가는 목표 설정 방법과 이를 달성하기 위한 실행전략으로 구성되어 있다.

[그림 1] SKMS 구성단위별 의미 및 연계

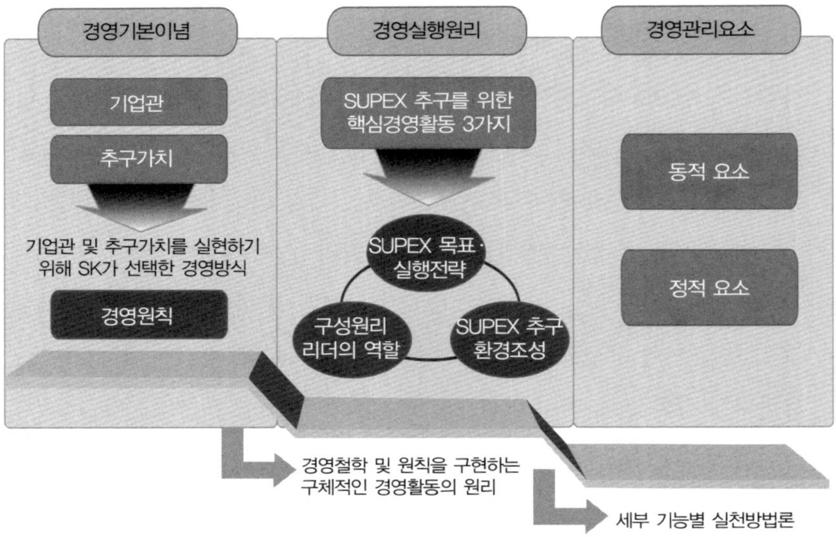

[그림 2] 전략적 경영의 원칙

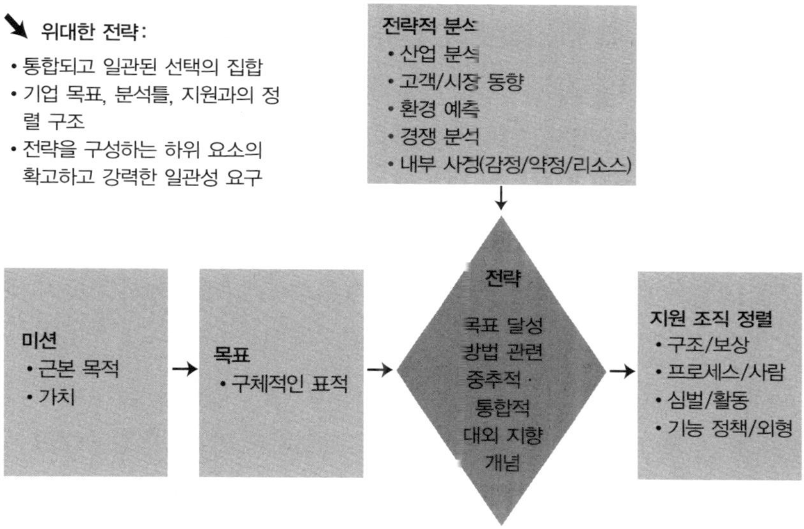

* 출처: Hambrick, D. & Fredrickson, J. 2001, “Are You Sure You Have a Strategy?”, *Academy of Management Executive*, 15: 4 p. 50.

SKMS의 경영관리요소는 ‘정적’(static) 요소와 ‘동적’(dynamic) 요소로 구분된다. 정적 요소에는 통상적으로 경영학에서 다루어지는 기능 분야들인 마케팅 · 생산 · 연구개발 · 전략기획 · 인력 · 조직 · 회계 · 구매 · CR(Corporate Relations) 등의 업무에 대한 정의와 직무 설명이, 동적 요소에는 조직문화나 사회적 자본 등의 무형 자원의 형태르 존재하여 겉으로는 잘 보이지 않지만, 구성원의 역량을 최대한 발휘하게 하고, 이를 하나로 결집시키는 데 큰 영향을 미치는, 사람과 관련된 요소들인 구성원의 의욕, 일처리 역량, coordination skill, communication, 그리고 SK 구성원이 기본적으로 갖추어야 할 자격 요건인 “SK-manship”에 대한 설명으로 이루어져 있다.

이렇게 다양한 분야를 망라한 점이 바로 SKMS를 기존의 경영매뉴얼과 구분 짓는 중요한 요인이라고 하겠다. 그러한 점에서 SKMS는 20세기 초반 테일러 등으로부터 시작된 경영관리 매뉴얼의 최종 진화 형태라고 하겠다. 현대 경영전략의 거두인 햄브릭(Donald Hambrick)과 프레드릭슨(James Fredrickson)은 2001년 「귀사에 정말 전략이 존재한다고 확신하는가?」(Are You Sure You Have a Strategy?)라는 도발적인 제목의 논문을 발표하였는데 이들이 제시한 전략적 경영의 원칙은 SKMS의 구성과 놀라울 정도로 닮아 있다(Hambrick and Fredrickson, 2001). [그림 2]에서 보듯이 햄브릭과 프레드릭슨은 기업의 근본 목적과 가치를 미션이라고 명명하고 그것이 기업 목표와 전략의 뿌리를 이룬다고 설명하였다. 이는 SKMS에서 경영기본이념, 즉 기업의 가치관과 경영원칙이 경영실행원리의 근본을 이룬다는 점과 일맥상통한다. 또한 햄브릭과 프레드릭슨은 경영전략이 지원 조직 정렬 등의 전략 실행을 위한 활동이 어떻게 이루어질지를 결정한다고 주장하였는데 이는 경영실행원리가 정적 요소와 동적 요소로 이루어지는 경영관리요소에 영향을 준다는 SKMS의 내용과 일치한다. 1970년대에 만들어진 SKMS의 골격은 이처럼 21세기 학술지에 실린 최신 논문의 내용과 일맥상통할 만큼 선진적이고도 독창적이었다.

결론적으로 SKMS는, 현대 경영매뉴얼의 원조인 테일러의 저작들처럼 실제적인 필요에 의해서 시작되었고, 한 세기에 걸쳐 축적된 경영학 모든 분야의 지식들을 압축해서 저장하고 있으며, 기업 경영자들이 주도하고 그들 자신의 감수 과정을 거쳤기 때문에, 오로지 학자들에 의해서 작성된 경영서보다는 훨씬 실무적이고 현장감이 살아 있다고 할 수 있다. 그러면서도 위에서 언급한 대로 SKMS는 21세기의 최신 경영전략 흐름에 비추어도 전혀 뒤지지 않는 프레임워크를 갖고 있다. 바로 이러한 요인들이 SKMS의 가장 중요한 의의라고 할 것이다.

2) 지식기반 조직에서 지식 플랫폼으로서의 의의

기업이라는 조직은 왜 생겼을까? 기업의 발생 원인과 관련해서 가장 쉽게 떠오르는 설명은 분업에 의한 '분업에 의한 공동생산의 이점'일 것이다. 개인적으로 생산하는 것보다 분업과 협업을 통해 여럿이서 생산하는 것이 유리하기 때문에 기업을 만든다는 것이다. 애덤 스미스는 "분업을 하면 숙련도가 증진되고 작업시간이 단축되며, 작업 과정의 단순화로 기계를 도입하는 게 유리해진다"고 분석했는데 이는 앞서 언급한 테일러의 연구에서 증명되었다(Smith, 1993). 테일러는 시간 및 동작 연구에서 작업자 한 명이 여러 가지 상이한 일들을 같이 수행할 경우보다 유사하거나 동일한 일만을 반복적으로 수행하는 경우에 작업 시간이 단축되는 것을 발견하였던 것이다. 하지만 분업에 의해 생산성이 올라간다고 해서 그것이 분업을 반드시 한 기업 내부에서 다 해야 효율성이 극대화되는 것을 의미하는 것은 아니다. 원료 구입, 원료 가공, 부품 생산, 조립 등 분업의 각 단계를 서로 다른 기업이 나눠 맡을 수도 있고 그것이 오히려 더 효율적일 수도 있다. 예컨대 스웨덴의 세계적인 가구회사 이케아(IKEA)는 실제로 가구를 만들어내는 작업은 하지 않는다. 오로지 디자인만 할 뿐 실제 가구를 만드는 것은 아웃소싱 파트너와 최종 소비자이다. 즉 이케아의 디자인을 아웃소싱 파트너가 제품으로 만들어내면 소비자는 그것을 집에 가져가 조립하여 가구가 완성되는 것이다. 이케아 같은 21세기형 기업을 보면 분업은 서로 다른 직업을 분화시키고 각기 다른 업무를 맡는 생산자를 만들어내는 요인일 뿐, 직접적으로 기업조직을 만들어내는 요인은 아니라는 생각이 든다.

현대 경제학에서 기업의 탄생 이유에 대해 가장 창의적인 시각을 제시한 학자는 아마도 1991년에 노벨경제학상을 수상한 시카고대학의 로널드 코스(Ronald Coase)일 것이다. 그는 조직이 아니라 개인이 생산과정의 모든 단계를 담당한 후 시장을 통해 생산품을 거래한다면 어떻게 될까라는 질문을 통해 기업의 필요성을 역설적으로 설명한다(Coase, 1937). 처음에 원료를 구입한 생산자가 이를 가공해 팔고, 다음 단계 생산자는 가공된 원료로 부품을 만들어 파는 식으로 원료 구입부터 조립까지 각 단계별로 개별 생산자가 따로 있을 경우, 비용이 더 들 가능성이 높다. 이는 시장을 통한 거래에도 거래비용이라는 것이 발생하기 때문인데 기업의 탄생 이유에 대한 최근의 시각은 바로 이 거래비용이론에서 한걸음 더 나아가고 있다. 기업이 존재하는 이유는 시장에서의 거래(market transaction)보다 기업을 갖는 것이 지식의 공유와 이전이 쉽기 때문이라는 지식기반이론이다. 즉 지식기반이론에 따르면 시장에서 첨단지식을 습득하는 것보다(예컨대 특허권을 사들이는 것) 조직 스스로가 지식을 축적 · 보유 · 활용하는 것이 시장에서의 거래비용을 생각할 때 더 경제적이라는 것이다. 이러한 논의는 지식기반 경제가 확고해지면서 더욱 힘을 얻게 되었다.

지식기반 경제 상황에서 효과적인 기업경영 방식은 이전과 달라져야 한다는 것이 많은 학자들의 주장이다. 예를 들어 피터 드러커는 현대 자본주의 이후의 사회를 지식사회라고 주장하면서 기존의 자본주의와 지식기반사회의 자본주의의 차이를 설명한 바 있다. 기존 자본주의의 이론적 근거를 제공하는 경제학의 신고전파 시각에 따르면 성장률은 전적으로 노동과 물리적 자본의 투입량에 의해서 결정되는 반면, 지식기반 경제에서는 축적된 지식과 자본의 시너지, 연구개발에 의한 지속적 기술 진보, 인적 자본의 축적 등을 통해 성장이 이루어진다는 것이다. 하지만 아직도 한국에서는 자원의 투입량으로만 승부를 걸던 과거 방식을 답습하는 기업이 많다. 이러한 한국의 경영 풍토를 감안할 때, 이미 30여 년 전에 노동과 물리적 자원의 투입량만으로 경영성과를 내려는 사고방식에서 벗어나 지식을 통한 경영성과를 추구했다는 점을 생각하면 SKMS가 얼마나 선구적인 노력의 산물인지를 알 수 있을 것이다.

SKMS는 SK그룹 내 경영자들이 경영의 본질과 원칙에 대해 공통적인 이해를 갖고 이를 의사결정의 기준으로 삼아 활용하며, 조직구성원 간의 협동과 조정을 촉진할 수 있도록 하기 위해 제정되었다. SKMS는 기업의 흥망을 좌우하는 요소들로서 자본 · 기술 · 원료 등 다양한 종류가 있지만 그 중에서도 사람, 즉 인적 자본이 가장 큰 역할을 한다고 주장한다. SKMS는 사람 요소 중에서도 두뇌의 활동에 가장 다이내믹한 요인이라고 판단하고 두뇌활동을 극대화하기 위해 그 관리가 필수적인 요소들로 동적 요소들을 구성하였다. 예컨대 SK그룹에서 경영성과의 궁극적인 경지라고 할 수 있는 SUPEX를 추구하는 상황에서는 우선 구성원이 풀어야 하는 문제의 성격을 명확히 규명해내는 '입체적 로케이션(location)파악' 단계를 거쳐, 문제를 해결하는 데 결정적인 역할을 하는 요인인 핵심성공요소(KFS, Key Factor for Success)를 찾아낸다. 그리고 그 핵심성공요소, 즉 KFS에서 인간으로서 가능하다고 생각하는 극한치를 찾아내 SUPEX 목표를 설정한 후 장애요인을 하나씩 제거해나감으로써 목표에 도달해가는 방안을 제시한다.

이러한 방법론은 단순히 기업성과를 단순노동과 자본의 투입만으로 얻어내려 했던 신고전파에서 벗어나 피터 드러커가 주장해온 지식기반 사회에서의 가치창출 방안과 그 맥을 같이한다. 다음 장에서 언급될 SK그룹 내에서의 SKMS 활용 현황을 보면 과연 SKMS가 SK그룹 내에서 어떻게 지식기반 플랫폼으로서의 역할을 수행하는지 알 수 있다. 그러한 점을 고려할 때 SKMS는 현대 경영매뉴얼의 최종 진화 형태로서의 의의뿐 아니라 한국을 대표하는 기업의 지식 플랫폼으로서의 의의도 갖는다고 하겠다.

3) 기업문화를 구축하는 기반으로서의 의의

기업문화는 흔히 조직구성원이 공유하고 있고 신입 직원에게 바람직한 것으로 전수되는 가치관 · 신념 · 규범 등이다. 기업문화는 기업이 가장 이상적으로 생각하는 목표(Goals)를 설정하고 그 목표를 달성하기 위해서 조직구성원들이 어떤 행동패턴을 보여야 하는지에 대한 수단적 가치(Instrumental value)와 규범(Norms)들을 제시한다. SKMS는 위에서 설명한 문화가 갖고 있는 그 모든 부속물들, 즉 목표와 수단적 가치, 규범 등을 포함한다. [그림 1]에서 보았듯이 SKMS는 경영기본이념에 추구가치와 가치관을 명시하고 있고, 그것을 통해 SUPEX라는 목표를 설정한다. 또한 SUPEX라는 목표를 달성하기 위해 확고한 경영원칙과 구성원의 역할에 대한 설명이 있다. 그리고 SK구성원이 기본적으로 갖추어야 할 자격요건인 "SK-manship"은 그 자체가 SK의 조직구성원들이 어떤 행동패턴을 보여야 하는지에 대한 수단적 가치와 규범들을 제시하고 있다.

경영학에서 기업문화는 1960년대부터 이후 직무 환경에서 조직 행동을 설명하는 유용한 개념으로 주목받기 시작하였는데 최근에 와서 그 관심이 더 높아진 것은 자원기반이론의 부상과 관련이 있다. 자원기반이론(Resource based view)은 1970~1980년대에 등장한 경영전략 이론의 여러 패러다임들 중 그 영향력으로 보나 산출된 연구의 수량과 연구방법론의 발전이라는 측면에서 가장 크게 기여한 이론들 가운데 하나인데, 그 이론적 뿌리는 1950년대 말에 발표된 펜로즈(Penrose)의 기업 성장에 관한 이론까지 거슬러 올라갈 수 있다. 펜로즈는 기업이 성장 내지는 확대되는 이유로 기업 자체가 여러 가지의 생산적인 자원으로 이루어진 조직이라는 점을 들었다. 기업의 장기적인 이익은 그러한 생산적인 자원을 더 효율적으로 쓸 수 있는 기회가 얼마나 제공되느냐에 달려 있는데 특별한 자원을 가진 기업은 그 자산을 효율적으로 더 많이 쓸 수 있는 새로운 기회를 찾아 나선다는 것이다. 펜로즈는 기업의 존재이유를 이와 같은 경영자원을 효과적으로 결합하여 새로운 가치를 창출하는 데에서 찾았다. 즉 기업에 존재하는 경영자원이 그들 간의 상호작용을 통해서 경험과 학습과 같은 새로운 가치를 창출하기 때문에, 시장에서처럼 경영자원이 개별로 존재하는 상황보다 기업 내에 함께 모여 있을 때에 자원들이 더 높은 가치를 창출하기 때문에 기업이 존재한다는 것이다.

펜로즈의 주장을 자원기반이론이라는 전략 분야의 한 패러다임으로 발전시킨 일등공신은 바니(Jay Barney)이다. 바니는 역시 기업을 제품 · 시장 · 지위의 집합으로보다는 서로 다른 물리적 · 무형적 자산과 능력의 집합체로 인식하였다. 이는 두 개의 똑같은 기업이 존재할 수 없다는 뜻이다. 어떤 기업도 똑같은 경험을 하거나 동일한 자산과 기능을 획득할 수 없고 같은 조직문화를 만들어낼 수 없기 때문이다. 바니는 좋은 조직문화는 가치 있고 드물고, 모방이 어렵다는 세 가지 조건을 갖추며 이러한 조건들이 기업으로 하여금 유지 가능한 경쟁우위를 보유하도록 한다고 주장하였다(Barney, 1986). 펜로즈나 바니의 설명들은 모두 SK의 기업문화를 구축하는 기반으로서의 SKMS의 가치를 확인시켜준다.

SKMS가 조직문화의 기반으로서 제공하는 중요한 특성은 조직원들에게 그들만의 공통언어를 제공한다는 점이다. 공통된 언어의 사용은 지식통합 플랫폼으로서는 필수요소라고 할 수 있는데, 공통된 언어를 사용함으로써 얻어진 공유 지식은 조직구성원 간에 일종의 시너지효과를 발휘하여 새로운 지식을 창출하는 역할을 한다. 또한 이러한 지식들은 조직에 내재(embedded)됨으로써 경쟁 기업으로 하여금 모방이 원천적으로 불가능하게 만든다. 이는 바로 바니가 말하는 모방이 어려운 문화의 특성으로서, 조직이 경쟁 기업에 비해 경쟁우위를 갖도록 하는 것이다.

또한 공통된 언어의 사용을 통해 조직구성원들은 조직에 대한 친밀감을 느끼고 애착심을 갖게 될 것이다. 해외의 기업에서도 이러한 공통된 언어 사용을 통한 조직 내 친밀감 향상 노력을 흔히 볼 수 있는데, 월트디즈니사의 경우에 놀이공원에서 일하는 모든 직원은 종업원(employee)이 아니라 출연배우(cast member)라고 불린다. 이는 디즈니 공원 전체를 하나의 무대로 생각하라는 경영진의 철학이 담겨 있는 작명법이다. 이러한 공통언어의 사용은 효율성 증대라든가 조직문화의 창출 등의 여러 가지 부산물을 얻을 수 있다. 예를 들어 미국의 코머스 은행(Commerce Bank)은 좋은 서비스를 지칭하는 "Wow!"라는 단어를 통해 직원들의 서비스 정신을 고취시키고 사내 대학인 코머스대학교(Commerce University)를 통해 "Wow!" 문화를 전파한다. 이는 코머스 은행이 1973년 창립 이래 예금성장률 기준으로 미국에서 가장 빨리 성장하는 은행이 된 비결의 하나로 꼽히고 있다.

"Wow!"나 cast member 등의 언어가 코머스 은행이나 월트디즈니의 외부인들에게는 생소하듯이, SKMS에 나오는 SUPEX나 CBA(Challenging But Achievable) 같은 약어들, 그리고 정적 요소, 동적 요소 등의 단어들은 SK 직원이 아닌 국외자들에게는 암호나 다름없다. 그러나 SK 직원들이라면, 3장에서 거론되겠지만, 꽤 많은 경우에 이러한 약어를 숙지하고 팀 전략을 수립할 때나 실행할 때 사용한다. 이러한 공통언어의 활용은 팀의 성과나 조직원들의 애착을 높이고 경쟁우위를 창출하는 조직문화를 만들어내는 데에 기여할 것이다. 결론적으로 SKMS는 가치관과 경영실행원칙을 통해 SK그룹이 지향하는 목표와 그 달성 방법을 제시하고, 공통언어와 SK-manship 등을 통해 SK의 조직구성원들이 어떤 행동패턴을 보여야 하는지에 대한 규범들을 설명한다. 이러한 특성들이야말로 SKMS가 기업문화를 구축하고 나아가 그 문화를 통한 경쟁우위에 이바지할 수 있다는 것을 보여준다고 하겠다.

2. SKMS의 주요 내용

SKMS는 앞에서 기술한 대로 크게 세 부분으로 이루어져 있다 첫째는 SK의 핵심 경영철학 및 원칙을 담은 경영기본이념이고, 둘째는 SK 경영철학 및 원칙을 구현하는 구체적 경영활동의 수행 원리인 경영실행원리, 그리고 세 번째로 경영활동 중 관리해야 할 요소인 경영관리요소이다. 이 세 부분을 차례대로 설명하고, SK가 궁극적인 지향점으로 삼고 있는 SUPEX를 추구하는 방법을 설명함으로써 SKMS의 주요 내용을 기술하도록 하겠다.

1) 경영기본이념

SKMS의 경영기본이념으로서 기업관과 추구가치의 주요 내용은 다음과 같다. 우선, SKMS에서 추구하는 기업은 지속적인 안정과 성장을 통하여 영구히 존속 및 발전하는 기업이다. 이러한 기업관을 바탕으로 고객·구성원·주주에 대한 가치를 창출함으로써 사회·경제 발전에 핵심적인 역할을 수행하고 인류의 행복에 공헌해야 하는 것이 그 목적이다.

기업의 가치추구의 궁극적인 목적은 이해관계자의 행복이라고 볼 수 있다. 즉, 기업의 이해관계자인 고객·구성원·주주의 만족을 추구하고 사회의 경제발전에 기여함과 동시에 사회에 공헌해야 한다.

기업이 추구하는 행복은 장기적으로 지속가능해야 하고 기업과 이해관계자 상호간의 관계와 역할이 균형을 이루는 방향으로 실천되어야 한다. SKMS가 기업관과 추구가치를 실현하기 위하여 선택한 경영원칙으로는 '인간 위주의 경영을 통한 SUPEX 추구'를 근간으로, SUPEX 추구 환경조성, 그리고 개인과 회사의 동시 발전을 지향한다.

즉 기업은 추구가치를 지속적으로 실현하기 위하여 인간의 능력으로 도달할 수 있는 최고의 수준인 Super Excellent 수준(SUPEX)으로 목표를 정하고 이의 달성을 위하여 전력을 다해야 한다. SUPEX 추구는 고정관념을 벗어나 다양하고 새로운 시도와 함께 보다 완벽한 일처리가 요구된다. 따라서 구성원 개개인은 최고의 역량을 발휘할 수 있도록 해야 한다.

기업은 구성원 개개인의 역량 발휘가 극대화되고 전체 역량이 하나의 방향으로 결집되어야 하는데 이를 위하여 목표와 과제를 명확히 정립하고 구성원의 두뇌활용을 극대화하여 SUPEX 추구 활동을 할 수 있는 환경을 조성해야 한다. 뿐만 아니라, SK의 모든 구성원은 경영원칙을 명확하게 이해하고 있어야 하며, 경영활동에 있어 이를 근간으로 삼아야 한다. 이렇게 된다면, 구성원의 역할 신장과 기업의 성과 창출이 동시에 이루어져 구성원과 기업이 함께 발전하게 될 것이다.

2) 경영실행원리

최근의 경영환경은 경쟁, 기술, 고객 요구 등의 다양한 측면에서 매우 빠르고, 폭넓고, 예측하기 어렵게 변화하고 있으며, 내부의 여건도 다양한 사업의 존재, 전문 영역의 분화 등으로 급격하게 변화하고 있다. 이렇듯 급변하는 환경 하에서 SK가 최소한의 생존을 확보하고 지속적으로 진화해 나아가기 위해서는 제반 경영활동이 일관성을 가지고 유기적으로 이루어짐과 동시에 동태적으로 환경에 대응하는 시스템 경영을 실시해야 한다.

SK의 경영은 SUPEX 추구를 통하여 기업의 생존조건 확보와 지속적 발전을 이룰 수 있어야 한다. 이를 위하여 경영목표 수립, 구성원의 경영활동, 환경조성을 경영원칙에 명시된 SUPEX 추구에 맞도록 체계적으로 수행함으로써 경영성과를 극대화하고 추구가치를 구현할 수 있어야 한다.

- 회사는 SUPEX 목표를 설정하고 이를 달성하기 위하여 실행전략을 수립하여야 한다(SUPEX 목표/실행전략).
- 구성원과 리더는 자발적이고 의욕적인 두뇌활용 극대화를 통하여 SUPEX 추구활동을 하여야 한다(구성원과 리더의 역할).
- 회사는 이러한 SUPEX 추구활동이 잘 이우러질 수 있도록 내부 환경을 조성하여야 한다(SUPEX 추구환경 조성).

따라서 SUPEX 목표의 수립, 구성원의 달성 노력, 그리고 이를 위한 환경조성 활동들이 일관성을 가지고 유기적이며 동태적으로 경영활동을 수행하는 시스템 경영의 원리에 맞게 이루어져야 한다. 각각의 세부적인 사항을 살펴보면 다음과 같다.

① SUPEX 목표/실행전략

회사는 SUPEX Company를 지향하되 일정 기간 내에 도달 가능한 Better Company 목표를 설정하고, 이를 각 단위조직에서 목표 및 전략으로 구체화하여 실행하도록 하여야 한다.

SUPEX Company는 최고의 경쟁력을 지속적으로 보유하고 장기적 생존조건을 확보하여 영구히 존속 및 발전시켜나가는 회사를 말한다. 이렇듯 SUPEX Company를 지향은 하되 회사가 곧바로 SUPEX Company에 도달하는 것은 현실적으로 어려우므로, 주어진 시간과 가용 자원을 고려하여 SUPEX 추구를 통해 달성 가능한 한 단계 높은 수준의 회사(Better Company)를 목표로 설정하고 이를 달성해나가는 과정을 반복함으로써 궁극적으로 SUPEX Company를 구현해나가야 한다.

SUPEX 목표를 달성하기 위한 구체적인 방법으로는 To-be Model을 수립하고 실행해야 한다. To-be Model은 Better Company 목표와 이를 달성하기 위한 실행전략으로 구성되며, SUPEX 추구환경 조성계획을 포함하여 체계적으로 수립하여야 한다.

② 구성원과 리더의 역할

SK의 모든 구성원은 SUPEX 추구활동을 통하여 회사와 개인의 발전을 동시에 이루어가야 하며, 구성원 중 리더는 일반 구성원이 자발적 · 의욕적으로 두뇌활용을 극대화하여 회사의 목표를 달성할 수 있도록 리더십을 발휘하여야 한다.

여기서, 구성원의 역할과 리더의 역할을 따로 구분해볼 수 있는데, 모든 구성원은 경영기본이념을 철저히 이해하고 SUPEX 추구활동을 통하여 회사의 발전과 개인의 발전을 이루어나가야 하며, 그 과정에서 자신의 역할이 지속적으로 신장되도록 하여야 한다. 이에 반해, 리더의 역할로서 SK의 리더는 인간 위주의 경영을 통한 SUPEX 추구를 잘할 수 있는 SUPEX 리더가 되어야 하며, 단위조직의 장(長)으로서 명확한 목표와 방향을 제시하고 구성원의 자발적이고 의욕적인 두뇌활용을 통한 지속적인 성과를 창출해나가야 한다. 또한 역량 있는 리더가 적극 발굴 · 육성되고 리더십이 지속적으로 향상될 수 있도록 리더십에 대한 평가와 피드백이 주기적으로 이루어져야 할 것이다.

③ SUPEX 추구환경 조성

회사는 구성원의 자발적이고 의욕적인 두뇌활용 극대화와 Better Company 목표 달성을 지원할 수 있도록 SUPEX 추구활동에 필요한 환경을 조성하여야 하며, 이를 지속적으로 개선하고 수준을 높여나가야 한다.

회사는 구성원이 SUPEX 추구활동을 가장 효과적이고 효율적으로 수행할 있도록 환경을 잘 조성해야 한다. 이러한 SUPEX 추구환경 조성은 일 수행과 관련된 환경조성과 구성원과 관련된 환경조성으로 나누어볼 수 있다. 일 조성과 관련된 환경조성이라는 것은 제반 경영 방법론이나 관리기법을 제공하고 쉽게 활용할 수 있게 하여 SUPEX 추구과제를 효과적이고 효율적으로 수행할 수 있도록 하는 것을 말한다. 그리고 구성원과 관련된 환경을 조성한다는 것은 구성원의 동적 요소 수준을 제고하여 구성원이 자발적이고 의욕적으로 두뇌활용을 극대화할 수 있도록 하는 것을 말한다.

SUPEX 추구환경 조성은 핵심적인 경영활동의 하나로서, To-be Model 수립 시 환경조성과 관련된 내용을 포함시켜야 한다는 점, SUPEX 추구 시 일 수행과 관련된 환경조성뿐만 아니라 구성원과 관련된 환경조성이 잘 되도록 하여야 한다는 점을 근간으로 회사의 특성이나 필요에 맞게 조성해야 한다. 그 외에 사업이나 단위조직의 특성을 고려하여 회사 전체의 효율과 최적화를 이루도록 환경조성을 추구해야 한다.

3) 경영관리요소

경영관리요소는 경영을 효과적 · 효율적으로 수행하기 위하여 관리해야 할 요소이자, SUPEX 추구환경 조성을 위하여 실천하고 활용해야 할 구체적인 기준과 방법을 제시한 것이다. 경영관리요소는 정적 요소와 동적 요소로 구분해볼 수 있는데, To-be Model을 보다 완벽하게 수립하고 실행력을 제고하기 위하여 경영의 각 기능별로 고려해야 할 일처리 방법론을 정적 요소로, 구성원의 자발적 · 의욕적인 두뇌활용 극대화를 위해 실천해야 할 내용을 동적 요소로 구분하였다. 여기서 정적 요소는 회사의 제반제도, 규정 등 시스템을 구축 · 운영하는 데 기반이 되는 것이며, 동적 요소는 이를 활용함으로써 경영성과를 극대화하는 데 중요한 영향을 미치는 것을 말한다.

① 정적 요소

정적 요소는 전사 차원뿐만 아니라 단위조직 차원에서도 전략과제를 실행하기 위하여, 그리고 그 실행력을 강화하기 위하여 SUPEX 추구 환경조성에 활용하게 된다. 그러므로 단위조직의 경영성과를 극대화하고, 회사 전체의 경영목표를 달성하기 위해서는 정적 요소를 전략과제의 목적과 특성에 맞게 잘 활용하여야 한다. 정적 요소를 회사의 경영전략 실행 및 단위조직의 과제 실행을 위하여 활용하고 실천하기 위해서는 다음 사항을 고려해야 한다.

• 사업/조직의 특성에 따른 정적 요소의 활용

회사의 경영전략인 To-be Model의 실행전략과 연계하여 각 단위조직이 수행해야 할 과제는 그 사업과 환경의 특성에 따라 다르다. To-be Model은 경영의 각 기능을 종합적으로 고려하여 수립되어야 하나 실제 경영활동의 수행단위인 조직은 우선적으로 고려해야 하는 정적 요소가 서로 다를 수 있다. 예를 들자면, 새로운 성장 동력을 발굴해야 하는 조직과 기존 사업을 수행하는 조직은 활용하는 정적 요소에 차이가 있을 수 있고 동일한 정적 요소라고 할지라도 지향점과 활용 내용은 달라질 수 있다. 따라서 회사의 경영성과를 극대화하기 위해서는 활용되는 정적 요소와 각 요소의 지향점을 고려하여 정적 요소 간의 유기적 연계와 동시에 통합적 관점에서 정적 요소를 활용하여야 한다.

• 회사 전체 차원에서 자원 · 역량의 최적화

To-be Model에서는 주어진 기간 내에 한정된 가용 자원으로 최대의 성과를 내기 위해서 전사적 관점에서의 최적화가 이루어져야 한다.

이를 위해서 회사의 전략 또는 사업조직의 전략과제가 변하게 될 경우,

전략적 우선순위에 따라 자원과 역량의 재배치 및 조정이 유연성을 가지고 있어야 한다. 또한 필요할 경우에는 외부에서 적극적으로 자원과 역량을 확보하며 효율성을 최대한 구축하고자 노력하여야 한다.

• 전사적 관점에서의 정적 요소 이해 및 활용

정적 요소를 회사 전체 차원에서 이해하고 활용하기 위해서는 전사적 관점에서 회사 가치창출의 본원적인 활동인 마케팅(M), 생산(P), 연구개발(R)과 이러한 활동을 지원하는 전략기획, 인력 · 조직, 회계 · 재무, 구매, CR 등의 Supporting(S)으로 구분함을 염두에 두어야 한다. 또한 회사 전체의 경영성과는 MPR/S 간의 유기적 연계와 통합에 의해 달성되는 것이므로 전사 To-be Model의 수립과 실행에 있어 MPR이 처음부터 일체가 되는 조직운영이 이루어져야 한다.

이러한 정적 요소를 회사의 경영전략 실행 및 단위조직의 과제실행을 위하여 활용하고 실천함으로써 각 정적 요소별 역량이 지속적으로 향상되어 다음 단계의 경영전략 실행 시, 자원투입 대비 성과창출의 비율이 이전 단계에 비하여 더욱 향상될 수 있어야 한다.

정적 요소는 회사의 To-be Model의 수립과 실행에 있어 가장 기본적으로 고려되어야 하는 내용을 중심으로 기술되었으나 이러한 내용은 회사가 처한 내 · 외부적인 환경에 따라 달라질 수 있으므로 회사와 사업의 특성을 반영하여 SKMS 실천요강으로 구체화하여 실천하여야 한다.

다음은 정적 요소의 활용으로서 마케팅, 생산, 연구개발, 전략기획, 인력 · 조직, 회계 · 재무, 구매, CR(Corporate Relations)에서의 활용에 대하여 구체적으로 제시한다.

• 마케팅

충분한 수익을 지속적으로 창출하기 위하여 고객의 요구를 파악하고, 그에 맞는 상품을 만들게 하여 판매하는 것으로서 충분하고 지속적인 수익을 창출하기 위해서는 시장조사(Market Research), 상품기획(Merchandising), 프로모션(Promotion), 판매(Sales) 활동을 잘해야 하며, 장기적이고 긍정적인 고객관계를 형성 · 발전시켜야 한다.

• 생산

고객이 요구하는 상품을 가장 효율적으로 만드는 것을 목적으로 하며 이를 위해서 고객 요구의 변화에 신속하고 유연하게 대응할 수 있어야 한다. 또한 기획 단계에 있어 시장정보를 공유하고 생산활동에 반영하며 고객의 요구에 부응하는 품질의 상품을 만들며 불량률이 '제로'(zero)가 되도록 품질관리를 해야 한다.

그리고 고객의 요구에 맞는 가장 효율적인 상품을 만들기 위하여 물적 관리, 인적 관리 등의 생산활동에 있어서 자원 투입이 최소화될 수 있도록 해야 하며 마지막으로 상품생산의 전 과정에서 발생할 수 있는 인적 · 물적 손실과 환경오염이 발생하지 않도록 사고를 예방하고, 발생 시 그 피해를 최소화할 수 있도록 빈틈없는 대비책을 마련해야 할 것이다.

• 연구개발

기존 상품의 품질 또는 원가를 혁신하거나, 새로운 상품을 개발하여 사업화하는 것을 연구개발로 본다. 기존 상품의 품질을 혁신한다는 것은 우리 상품의 선호도를 높여 매출 양을 늘리거나 매출단가를 높일 수 있도록 상품의 기능, 성능, 형태 등을 개량하는 것이며 기존 상품의 원가를 혁신한다는 것은 우리 상품의 경쟁력을 높이거나 이윤 폭을 크게 할 수 있도록 기술혁신 등을 통하여 원가를 낮추는 것이다.

또한 새로운 상품을 개발하여 성공적으로 사업화하기 위해서는 개발과제의 선정부터 상품화 단계까지 모든 과정에 걸쳐 연구개발이 사업성과로 이어지도록 하는 일관된 체계를 유지하여야 한다. 그리고 혁신 및 개발의 결과를 적기에 상품화하기 위해서는 자원을 확보하고 운용함에 있어 효율성과 속도를 높여야 하고, Risk Hedging을 잘 해야 한다.

• **전략기획**

기업의 안정과 성장을 위하여 지속 가능한 경쟁우위를 창출할 수 있도록 경영계획을 수립하고 실행되게 하는 것을 전략기획이라고 한다. 지속 가능한 경쟁우위를 창출하기 위해서는 계획을 구성하는 모든 요소를 빠짐없이 고려하여 경영계획을 수립하여야 하며 계획을 수립할 때에는 경영환경의 변화를 사전에 예측 · 반영하여야 하며, 사업의 운영효율성 제고와 더불어 새로운 시장과 상품의 개발을 통한 성장을 동시에 고려하여야 한다. 또한 지속 가능한 경쟁우위를 창출할 수 있도록 실행되게 하기 위해서는 계획을 평가하고, 평가된 계획에 따라 경영활동이 수행되고 있는지를 점검하여야 한다. 마지막으로 회사와 단위조직은 To-be Model이 실행력을 지속적으로 제고하기 위하여 To-be Model의 수립과 실행과정을 중심으로 한 SKMS의 실천요강을 개발해, 구성원이 공유 · 실천할 수 있도록 하고 이를 지속적으로 고도화해 나가야 한다.

• **인력 · 조직**

SK Values와 역량을 갖춘 구성원을 확보 · 육성하고, 회사의 목표 달성을 위하여 역량이 결집될 수 있도록 인력 및 조직을 효과적 · 효율적으로 관리하고 구성원의 동적 요소 수준을 높이고자 하여야 한다. 인력 · 조직

관리 및 동적 요소의 실천은 구성원의 두뇌활용이 최대가 되도록 이루어져야 하며 이를 위하여 인력관리는 회사의 전략실행에 필요한 인력의 확보 · 육성 · 활용, 성과에 연계 된 평가 · 보상 등, 역량과 성과에 근간하여 설계 · 운영되어야 하며, 단위조직의 리더가 자율과 책임을 가지고 실행할 수 있도록 하여야 한다. 그리고 조직관리는 회사의 목표 달성과 전략실행에 연계하여 단위조직의 권한과 책임을 명확히 하고, 자율적 · 독립적 의사결정이 이루어지며 환경 변화에 유연하게 대처할 수 있는 조직이 되도록 설계 · 운영되어야 한다.

하지만, SUPEX 수준을 추구함에 있어서 일반적인 인력 · 조직관리만으로는 구성원의 두뇌활용을 최대로 하는 데에는 한계가 존재할 것이다. 따라서 리더는 구성원 개개인의 특성에 맞도록 개별적이고 항시적으로 동적 요소를 관리하는 것이 중요하다. 또한 회사는 전사 및 단위조직의 동적 요소 수준을 주기적으로 점검하고 개선할 수 있는 제도 또는 시스템을 운영하여 구성원 개개인과 단위조직의 역량이 극대화되어 회사 전체 목표의 달성에 결집될 수 있도록 하여야 한다.

• 회계 · 재무

기업의 활동을 계수적으로 파악할 수 있도록 회계관리는 철저히 하고, 자금의 조달과 운용을 효율적으로 할 수 있도록 재무관리를 하여야 한다. 여기서 회계관리는 관리회계 · 재무회계 · 세무회계를 하는 것으로서 관리회계는 경영자가 경영을 효율적으로 하기 위한 것, 재무회계는 주주를 포함한 이해관계자가 기업의 가치를 알 수 있도록 재무제표를 신속, 정확하게 작성하는 것이다. 그리고 세무회계는 조세 부담을 예측, 조정하고 신고하는 것이다.

회계관리 외에 재무관리는 자금관리, 투자관리, 재무 리스크 관리 등으로 이루어진다. 하나씩 설명해보자면, 자금관리는 자금의 수지균형을 이루게 하고 투자자금의 조달을 안정적으로 하는 것이다. 투자관리는 투자이익을 최대로 하는 것이며 재무 리스크 관리는 적정 범위 내로 환율, 유동성, 채무보증, 자산손실 등의 리스크를 관리하여 재무자원의 안정성을 뒷받침하는 것이다.

• **구매**

구매는 기업이 원하는 상품을 가격 · 수량 · 시기의 관점에서 최적의 조건으로 사는 것을 말하며 여기서 우리가 원하는 상품이란 회사의 제반 경영활동에 필요한 양질의 제품과 서비스를 말한다. 그리고 최적의 조건으로 산다는 것은, 될 수 있는 한 낮은 가격으로 필요한 양을 적기에 사는 것이다.

• CR(Corporate Relations)

CR은 이해관계자의 기대와 요구를 정확히 파악하고, 이해관계자에게 기업이 뜻하는 바를 올바르게 알림으로써 경영에 도움이 되는 관계를 형성하는 것이다. CR에서 대상이 되는 이해관계자는 고객, 구성원, 주주, 정부, 비즈니스 파트너, 일반 공중(public relations) 등으로 구분할 수 있으며 여기서 이해관계자의 기대와 요구를 정확히 파악한다는 것은 이해관계자들의 각기 다른 특성을 고려하여 기업에 원하는 바가 무엇인지를 사전에 확인하고 경영활동에 미치는 영향을 분석 및 예측하는 것이다. 그리고 뜻하는 바를 올바르게 알린다는 것은 이해관계자의 기대와 요구에 맞는 체계적이고 효율적인 대응전략을 수립 · 실행하여 능동적 · 계획적으로 알림으로써 이해와 호의를 얻어 회사에 이익을 창출하는 것이다.

② **동적 요소**

동적 요소는 구성원의 자발적 · 의욕적 두뇌활용 극대화를 통한 SUPEX 추구를 위해 실천하여야 할 내용으로 조직의 문화, 분위기 등의 형태로 존재하여 겉으로는 잘 보이지 않지만 구성원의 역량을 최대한 발휘하게 하고, 이를 하나로 결집시키는 데 큰 영향을 미치는 것으로서 이러한 동적 요소에는 의욕, 일처리 역량, Coordination, Communication, SK-Manship 등이 있다.

이러한 동적 요소의 실천과 수준의 제고를 위해서는 구성원 스스로의 실천뿐 아니라 리더가 실천해야 할 내용인 '구성원 차원의 실천'과 회사의 각종 제도, 규정, 프로그램 등을 통하여 실천해야 할 내용인 '회사 차원의 실천'으로 구분해볼 수 있다. 구성원 차원 실천과 회사 차원의 실천은 상호 보완적으로 이루어져 상승효과를 얻을 수 있도록 해야 한다.

• **구성원 차원의 실천**

이는 SK인으로서 갖추어야 할 기본적인 자격요건(SK-Manaship)을 바탕으로 구성원 개개인 또는 단위조직의 리더가 자발적 · 의욕적으로 두뇌활용을 극대화하고, 이를 통하여 구성원과 단위조직의 SUPEX 추구 역량이 극대화되어야 한다.

구성원 개인이나 단위조직 구성원 전체가 자발적이고 의욕적으로 일하기 위해서는 공정하고 합리적인 인력관리, 일에 대한 보람, 기타 심리적인 요소를 잘 다루어야 하며 구성원의 일처리 역량을 키우는 것은 궁극적으로 회사의 경영활동에 필요한 제도와 시스템의 설계 · 운용 및 제반 경영문제에 대한 의사결정이 스스로 가능한 수준까지 이루어져야 한다. 그리고 단위조직의 힘이 최대로 모아지도록 단위조직 내에서 상호협력하고, 회사의 목표달성을 위해 역량이 결집되도록 하기 위해서 단위 조직간 상호협조가 효과적 · 효율적으로 실천되어야 한다. 조직구성원 상호 간, 상하 간의 충분한 의사전달을 통하여 경영활동에 대한 이해와 신뢰의 분위기를 조성하여 유연하고 유기적인 조직을 만들어가야 한다. 마지막으로 SKMS를 실천하는 주체는 구성원이므로 구성원의 자질은 SUPEX의 성패에 중요한 영향을 미친다. 그러므로 SK 구성원의 자질 향상을 위한 요건을 SK-Manaship으로 정하고 모든 구성원이 스스로 실천해야 할 내용으로 제시하였다.

[그림 3] SK-Manship(SK Management System, Seoul, Korea: SK Group)

SK Values	**SK 경영철학에 대한 확신/열정** • 회사와 개인의 발전을 동일시하는 자세로 회사의 영구 · 존속 · 발전을 위해 헌신하며, 이를 통해 행복을 창출하고 나누겠다는 의지	**자발적 · 의욕적 SUPEX 추구** • 자발적 · 의욕적 두뇌활용 극대화를 통하여 경영활동에 임하며, SUPEX를 추구하여 높은 경영성과를 달성하려는 자세	
패기	**적극적 사고** • 목표를 SUPEX로 설정하고 이를 달성하기 위해 창의적이고 도전적인 자세로 해결 방안을 찾음	**진취적 행동** • 어떠한 장애요인이라도 이를 극복하여 설정된 목표를 달성함	**빈틈없고 야무진 일처리** • 자기가 맡은 일을 입체적으로 파악하여 계획부터 처리까지 다른 사람이 두 번 다시 손댈 필요가 없도록 함
SKMS 실천 역량	**경영 관련 지식** • SKMS를 토대로 한 기업 경영의 본질에 대해 이해하고 담당 업무에 대한 전문지식을 확보하며, 경영활동에 필요한 기초 지식(인문 · 사회 · 자연과학 등)을 갖춤	**Globality** • 다양한 문화를 개방적으로 수용하고 이에 적응하려는 태도와 이를 바탕으로 Global 사업 수행에 필요한 외국어 능력을 갖춤	**Business Manner** • 경영 활동의 수행에 따른 대인관계에 있어서 이성과 자제력을 가지고 예의 바르게 행동함
Self-Leadership	**자기 관리** • 행복 실천의 주체로서 자신의 삶을 스스로 결정하며, 양호한 심신의 건강상태와 가정을 포함한 개인 생활을 원만히 유지함	**행복 추구 자세** • 회사 내 상하 동료 및 주변 사람들과 상호 신뢰와 존중에 기반하여 행복을 창출하고 나누며 더불어 성장하고자 하는 자세를 갖춤	

[그림 3]에 나오는 대로 SK-Manaship은 SK 경영철학과 SUPEX 추구에 매진하는 SK Value, 그리고 SK 성원의 정신자세와 관련된 패기, 그리고 경영관련 지식과 글로벌리티, 사업 매너 등으로 구성된 SKMS 실천역량, 자기관리와 행복추구 자세 등으로 대표되는 Self-leadership으로 구성된다. SK-Manship에서 주목하고 싶은 것은 적극적 사고, 진취적 행동 등으로 설명되는 패기, 그리고 지식과 글로벌리티 등을 포함하는 SKMS 실천역량, 그리고 자기관리를 포함하는 Self-leadership이 갖는 긍정 심리적 특성들이다. 긍정심리학의 뿌리는 마슬로우(Abrham Maslow), 로저스(Carl Rogers), 프롬(Erich Fromm) 등의 인본주의 심리학자들까지 거슬러 올라가 찾아볼 수 있지만 본격적인 학문적 관심의 대상이 된 것은 21세기 이후이다. 기존의 심리학이 주로 정신질환의 치료나 심리적 문제 예방에 그 초점을 맞추는 반면 긍정심리학은 인간의 심리적 강점과 덕(virtues)을 중시한다. 예컨대 피터슨(Peterson)과 샐리그만(Seligman)은 2004년에 발표한 논문에서 이러한 심리적 강점과 덕을 6개의 범주로 나누어 설명하였는데 그 중 SK-Manship과 관련이 있는 것은 첫 번째로 지혜와 지식의 영역, 두 번째로 용기의 미덕, 세 번째로 정의의 미덕, 네 번째로 극기의 미덕이다(Peterson and Seligman, 2004). 지혜와 지식의 영역은 창조성, 호기심, 열린 마음, 학구열 등을 포함하는데 SKMS 실천역량인 경영관련 지식, 글로벌리티와 일맥상통하고, 두 번째 범주인 용기의 영역은 용감성 · 인재 · 통합 · 활기 · 성실 등을 포함하는데 한마디로 SKMS의 '패기'와 통한다고 하겠다. 또한 정의의 미덕은 시민의식 · 공정성 · 리더십 등을 포함하고, 극기의 미덕은 사려 깊음, 자기규제 등을 포함하는데 바로 Self-leadership과 연결된다고 하겠다. 1970년대에 골격이 완성된 SKMS가 21세기 초반 심리학의 첨단 흐름과 별로 괴리되지 않은 내용을 담고 있다는 것이 놀랍고 그만큼, SKMS가 시대를 앞선 노력의 산물임을 증명한다고

하겠다.

특히 영어로 guts나 fortitude로 표기되는 '패기' 같은 심리적 특성이 개인의 성취에 어떤 영향을 미치는지에 대해서는 학자들뿐 아니라 자기관리 관련 경영도서의 베스트셀러 작가들도 최근작을 통해 다루고 있다. 예컨대 권력게임이나 유혹의 기술 등에 관한 저서로 이름 높은 로버트 그린(Robert Greene) 같은 사람은 인기 래퍼 피프티 센트(50cent)와의 공동 저술로 유명해진 최신작에서 대담성과 패기, '깡'을 통해 권력을 획득한 역사적 인물들을 고찰하고 있다(50cent and Greene, 2009). 그린과 피프티 센트는 대담성의 갖가지 유형과 각각의 성공 사례들을 소개하고 있는데, 패기를 통해서 어떤 장애요인이라도 극복하여 정한 목표를 달성하는 SK-Manship이야말로 글로벌 경쟁시대에 꼭 필요한 인재상을 제시한다고 하겠다.

• **회사 차원의 실천**

회사 차원에서는 각종 규정, 제도 또는 제반 시스템 등을 구축·운영하여, 구성원 개개인과 단위조직의 동적 요소 수준을 제고함과 동시에 이러한 역량이 회사 전체의 목표달성에 결집될 수 있도록 하여야 한다.

이를 위하여, 구성원이 자발적 및 의욕적으로 동적 요소 수준을 제고하고 SUPEX를 추구하여 회사 전체의 목표달성에 역량이 결집되도록 하기 위해서 회사 차원의 각종 규정, 제도, 시스템을 효과적·효율적으로 구축하고 실행해야 한다. 그리고 단위조직과 구성원이 갖추어야 할 역량의 방향을 제시하고, 조직 간의 협조과정에서 발생할 수 있는 역량의 손실을 방지하기 위해 다양한 방법을 찾아 실행하여야 하고 구성원의 경영에의 참여의식과 직무 만족감에 큰 영향을 미치는 회사의 경영목표, 경영 현안, 방침, 제도에 대하여 구성원의 이해와 공감을 효과적이고 효율적으로 이루도록 하여야 한다. 마지막으로 회사 차원에서 동적 요소 수준을 지속적으로 점검하여 문제점을 발굴하고 향상 방안을 수립·실행할 주관조직을 두어 책임과 권한을 가지고 이를 실천할 수 있도록 하여야 한다.

4) SUPEX 추구 방법

① Super Excellent 수준(SUPEX)

SUPEX란 'Super Excellent 수준'을 말하며 인간의 능력으로 도달할 수 있는 최고의 수준이다. 이러한 수준은 다음의 두 가지 방법으로 찾을 수 있는데, 하나는 이론적 절대치를 구할 수 있는 경우에는 그 절대치를 Super Excellent 수준으로 하는 것이고, 둘째는 이론적 절대치를 구할 수 없는 경우에, 더 이상의 높은 수준은 없는가를 따져보고, '인간의 능력으로 도달할 수 있는 최고의 수준'이라는 의미에 가장 충실한 수준을 찾는 것이다.

Super Excellent 수준을 지향해야 하지만 이 수준에 곧바로 도달하는 것은 쉽지 않다. 그러므로 주어진 시간과 가용 자원을 고려한 Super Excellent 수준을 설정하고 이를 달성해나가는 과정을 반복해야 한다.

경영활동에 있어 중요한 투입요소인 시간과 자원을 활용함에 있어, 동일한 투입으로 보다 많은 성과를 창출하거나 동일한 성과를 창출하면서 투입요소를 최소화할 수 있는 Input SUPEX를 동시에 추구하여야 하고 이러한 Input SUPEX를 잘 활용한다면, 구성원들의 일처리 역량이 향상되고 회사 자원의 효율적인 활용이 가능해지므로 회사의 미래성장을 위한 잠재력 확보에 기여할 수 있다.

② 일처리 5단계

리더나 구성원들이 무슨 일을 하든 공통적으로 적용할 수 있는 일처리 방법을 SK 나름대로 다섯 가지 단계로 정리한 것이 '일처리 5단계'이다. 5가지 단계를 상세히 살펴보자면 다음과 같다.

(1) 입체적 Location 파악

이는 입체 속에서 자신의 위치를 파악하는 것으로서 일을 폭넓고 깊이 있게 완벽히 파악하려면 일이 입체라는 것을 충분히 인식하고 있어야 할 것이다.

(2) KFS 추출

KFS는 Key Factor for Success를 말하며, 이는 Better Company 목표달성에 필요한 개인 및 단위조직이 해야 할 가장 핵심이 되는 과제나 일을 말한다.

(3) 목표수준 설정

이는 KFS의 목표수준을 설정하는 것이다. SUPEX 추구를 할 때는 목표수준을 SUPEX로 놓게 된다.

(4) 장애요인 도출

장애요인 도출이란, 목표수준에 도달하는 데 장애가 되는 요인을 모두 파악하는 것이다. 목표수준이 높을수록 장애요인이 많을 뿐 아니라 해결하기 어려운 것도 많아진다. 그러나 장애요인이 많아질수록 성과는 그만큼 커지게 되므로 가능한 모든 장애요인을 찾아야 한다.

(5) 장애요인 제거 방안 수립 및 실행

장애요인 제거 방안 수립 및 실행은 경영성과로 직결되는 실천의 단계

일 뿐 아니라 두뇌활용이 가장 많이 요구되는 단계이다. 전 단계에서 발견한 장애요인을 제거하기 위한 방안을 수립하기 위해 몇 가지 옵션을 나열하고 그중 최선의 방안을 선택하여 실행한다.

③ Can Meeting

Can Meeting 조직구성원들이 가능한 한 일상의 업무활동으로부터 독립된 장소에서 수시로 정해진 경영과제에 대하여 격의 없이 자유롭게 논의하는 화합이다. 이때 결과에 대한 최종 의사결정권을 가진 리더가 반드시 포함되어야 한다는 특징을 가지고 있다. 또한 독립된 장소에서의 논의를 통하여 일상 업무에 간섭받지 않고 Can Meeting에 전념할 수 있는 분위기 조성이 필요할 것이다. 그리고 필요할 때마다 언제든지 구성원끼리 논의할 수 있도록 해야 하며 격의 없이 자유롭게 논의하는 것이 가장 중요한 특징이라고 볼 수 있다. 그 외에 Can Meeting이 막연한 대화가 아닌 사전에 미리 준비할 시간을 둠으로써 충분한 의견을 정리할 수 있도록 해야 한다.

④ SUPEX **추구활동**

SKMS의 대미는 SUPEX 추구활동이 장식한다. SUPEX 추구활동은 회사의 Better Company 목표의 달성을 위하여 단위조직이나 구성원이 To-be Model의 내용을 공유하여 과제를 수행하고, 장애요인을 제거해 나가는 모든 경영활동을 말한다.

SK에서는 최고의 경쟁력을 지속적으로 보유하고 장기적인 생존력 확보를 통한 영구 존속 및 발전을 위하여 기존의 상식을 뛰어넘는 Super Excellent 수준(SUPEX)을 추구해가야 한다고 합의하고 있다. 이러한 SUPEX를 달성하기 위하여 To-be Model을 수립/실행하는 구체적인 방법론을 제시하고 있다. 따라서 회사의 모든 활동들은 SUPEX 추구활동으로 볼 수 있다. 단위조직 및 구성원 개인들이 SUPEX 추구과제를 수행할 때 다양한 방법이나 기업들을 활용할 수 있으며 앞서 살펴본 일처리 5단계, Can Meeting 등과 같은 SK가 SUPEX 추구에 활용하온 방법론들을 활용하여 과제를 처리해나가면 보다 더 효과적인 SUPEX 추구가 가능하다.

이러한 SUPEX 추구를 통하여 기대할 수 있는 효과로는 전 구성원들이 회사의 목표에 대하여 명확한 이해와 공유를 바탕으로 의사소통과 합의를 완벽하게 이루어 정확하고 빠른 일처리가 가능하다. 그리고 구성원들의 자발적이고 의욕적인 두뇌활용을 유발시켜 구성원 개인의 일처리 역량이 커지고 리더의 리더십이 크게 향상될 수 있을 것이다.

참고문헌

Barney, J. B. (1986), "Organizational Culture: Can It be a Source of Sustained Competitive Advantage?", *Academy of Management Review*, 11: pp. 656~665.

Coase, R. (1937), *The Nature of the Firm. Economica*, 4: pp. 386~405.

Fayol, H. (1916), *L' Administration Industrialle et Generale*, Duod, Paris.

50 cent & R. Greene (2009), *The 50th Law*, Harper Studio.

Hambrick, D. & J. Fredrickson (2001), "Are You Sure You Have a Strategy?", *Academy of Management Executive* 15(4), pp. 48~59.

Mayo, E. (1945), *The Social Problems of an Industrial Civilization*, Harvard University Press.

Penrose, E. T. (1959), *The Theory of the Growth of the Firm*, New York: Wiley.

Peterson, C., & M. Seligman (2004), *Character Strength and Virtues: A Handbook and Classification*, New York: Oxford University Press.

Smith, A. (1993, first published in 1776), *An Inquiry into the Nature and Causes of the Wealth of Nations*, K. Sutherland eds. Oxford: Oxford University Press.

Taylor, F. W. (1911), *The Principles of Scientific Management*, Harper and Row.

제3장

SK그룹 내에서의 SKMS 활용현황

앞서 언급한 대로 SKMS는 지금까지 경영과 관련된 용어의 그룹 내 통일을 기함으로써 커뮤니케이션을 용이하게 하였고 SK그룹의 구성원들이 공통된 시각을 가질 수 있도록 경영에 관한 일관된 지식을 제공하는 지식 플랫폼으로 역할을 해왔다고 인식되어왔다. 3장에서는 SK그룹의 구성원들, 특히 SK그룹 내 4개의 주요 회사 400명의 팀장급 중간관리자들을 대상으로 서베이한 결과를 토대로 실제로 SKMS가 조직 내에서 어떻게 활용되고 있는지를 조사 · 분석하였다. 설문 대상자 중 231명이 응답하였다. 이 조사에서 SKMS의 활용은 조직 내 팀들 또는 조직구성원들이 얼마나 SKMS를 잘 활용하여 그들의 업무를 수행하는가를 말하고 있다.

SKMS의 활용과 관련하여 본 연구에서는 구성원들이 느끼는 다양한 측면들을 조사하였는데, 여기에는 경영챔피언십에 대한 인식, SKMS의 지식 내재화에 대한 인식, 팀 내부 환경 및 조직 환경에 대한 인식, 구성원의 조직에 대한 애착 등이 그것이다. 지식 내재화(knowledge embeddedness)는 지식 플랫폼으로서의 SKMS가 조직에 축적된 다양한 지식을 구조화하여 담고 있는 정도를 말한다. 팀 내부 환경(teams' internal environment)은 팀 구성원들의 상호작용 형태, 즉 팀 구성원 간의 협력이나 응집 정도를 의미하는 반면, 조직 환경(organizational environment)은 조직을 둘러싼 경영 및 기술 환경이 얼마나 빨리 변화하는지에 관한 조직의 경쟁환경을 말한다. 업무 특성(task characteristics)은 업무를 수행하기 위해 요구되는 지식이나 절차의 특성을 의미하며, 경영 챔피언십(management championship)은 SKMS의 유용성을 적극적으로 옹호하여 조직구성원들의 SKMS 활용 행위를 촉진시키고, 이를 바탕으로 구성원들에게 보상을 주거나 처벌을 가하는 역할을 수행하는 정도를 의미한다. 3장에서는 이들 각각의 요소에 대한 구성원들의 인식에 대해 알아본다.

1. 경영 챔피언십에 대한 인식

SK의 조직구성원들은 경영진들의 SKMS 활용에 대한 태도를 어떻게 느끼고 있을까? 본 항목은 SKMS의 활용에 있어서 SK의 경영진들이 SKMS를 얼마나 긍정적으로 평가하는지를 아래의 5개 항목으로 조사하였다.

[표 1] 경영 챔피언십 측정항목

항목	경영 챔피언십: 우리 경영진은……
1	SKMS가 회사에 상당한 이익을 제공할 잠재력이 있다고 믿는다.
2	SKMS가 회사에 상당한 경쟁우위 분야를 창출한다고 믿는다.
3	SKMS 활용에 대해 적극적으로 지원한다.
4	다른 경영기법에 비해서, SKMS의 우선순위가 높다.
5	SKMS의 활용이 필수적이라고 믿는다.

SK의 조직구성원들은 경영 챔피언십, 즉 상위관리자가 조직구성원들의 행위, 태도, 기술활용에 기여하는 정도에 대해 매우 긍정적으로 평가하였는데, '전적으로 동의함'이 67.5%, '동의함'이 29.9%로 나타났다. 이 결과는 SK의 경영진들이 지식 플랫폼인 SKMS가 조직에 매우 유용할 것으로 평가하고 있으며, 조직구성원들이 SKMS를 적극적으로 활용하도록 지원하고 있음을 나타낸다.

[그림 4] 경영 챔피언십 현황 결과

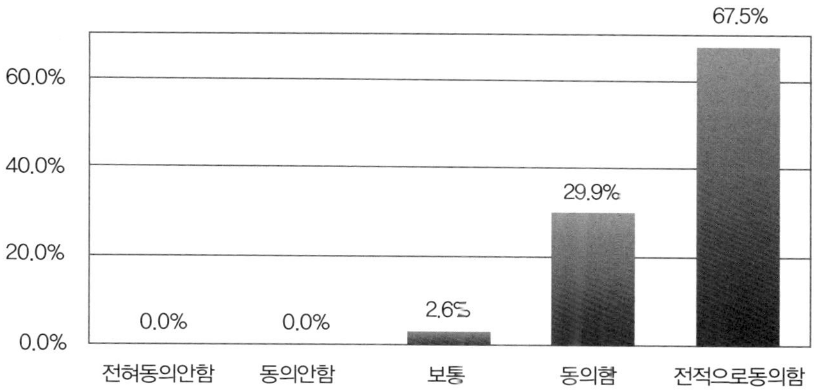

2. SKMS의 지식 내재화에 대한 인식

지식 내재화는 SKMS가 조직 내에 축적된 다양한 지식을 얼마나 체계화하여 담고 있는가에 대한 조직구성원들의 인식을 나타내는데, [표 2]의 5개 항목을 중심으로 살펴보았다. 여기서는 이에 대한 인식을 전반적인 인식, SKMS와의 친숙도에 따른 인식, SKMS 관련 업무시간에 따른 인식,

SKMS 사용 연수에 따른 인식 등으로 구분하여 살펴본다.

[표 2] 지식 내재화 측정 항목

항목	지식 내재화: SKMS에는 우리 팀의 업무와 관련하여……
1	업무수행 절차에 대한 지식의 체계화가 잘 되어 있다.
2	자원의 획득 및 관리에 대한 지식이 잘 정리되어 있다.
3	핵심자원의 효과적 활용에 대한 지식이 잘 정리되어 있다.
4	사업추진 및 운영절차에 대한 지식의 체계화가 잘 되어 있다.
5	현재 사업의 문제점을 분석하고 대안을 제시할 수 있는 지식의 체계화가 잘 되어 있다.

1) 전반적인 SKMS의 지식 내재화에 대한 인식

SKMS의 지식 내재화에 대한 전반적인 인식은 매우 긍정적으로 나타났다. 조사 결과, '동의함'이 56.7%, '전적으로 동의함'이 28.6%로 전체 응답의 약 85%가 지식 내재화에 대한 긍정적인 인식을 가지고 있는 것을 알 수 있었다. 이러한 결과는 업무의 유형이나 부서에 상관없이 구성원들이 SKMS가 자신들의 업무에 관한 지식을 잘 체계화하고 있다고 인식한다는 것을 나타낸다.

[그림 5] 지식 내재화 현황 결과

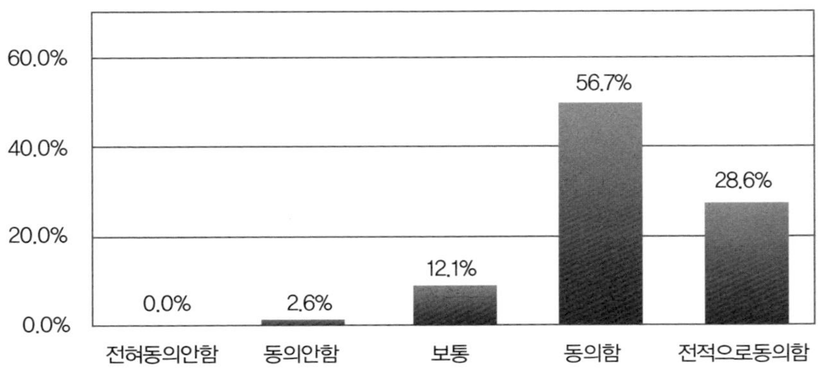

2) SKMS와의 친숙도에 따른 지식 내재화에 대한 인식

SKMS의 지식 내재화 정도를 SKMS에 대한 친숙도에 따라 살펴보았는데 이는 친숙한 경우와 그렇지 않은 경우, SKMS에 내재화된 지식의 양과 질에 대한 판단이 다를 것이라는 예측에서이다. 실제로 친숙하다는 응답자와 그렇지 않다는 응답자 간에는 지식 내재화에 대한 인식의 정도가 다른 것으로 나타났다.

SKMS에 친숙하다고 응답한 조직구성원들의 경우는, 지식 내재화에 대한 긍정적인 응답(동의함과 전적으로 동의함)이 전체 응답의 약 87.9%로, SKMS에 비친숙한 경우보다 지식 내재화에 대하여 훨씬 긍정적으로 인식하고 있는 것으로 나타났다. 이러한 결과는 응답 대상자가 팀장 이상으로 업무에 대해 잘 알고 있기 때문에 SKMS에 대해 친숙한 경우, SKMS가 가지고 있는 지식에 대해 잘 판단할 수 있거나 실제로 활용할 수 있기 때문일 것으로 추정된다.

[그림 6] SKMS에 친숙한 경우, 지식 내재화 현황 결과

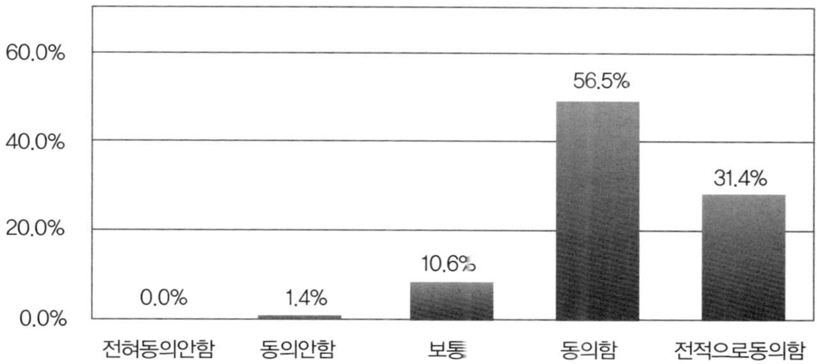

반면, SKMS에 비친숙하다고 응답한 조직구성원의 경우, 지식 내재화

에 대한 긍정적인 응답은 전체 응답의 약 62.5%, 지식 내재화에 대해 '보통 이하'의 인식을 보이는 응답은 약 37.5%로 나타났는데, 이는 친숙한 경우보다 현저히 떨어지는 결과이다. 이러한 결과는 업무를 잘 알고 있더라도 SKMS에 친숙하지 못한 경우, SKMS가 포함하고 있는 지식을 평가하거나 실제로 활용하는 데 어려움을 느끼기 때문이라고 볼 수 있다. 따라서 SKMS에 친숙하지 못한 구성원들이 보다 체계적으로 SKMS를 이해할 수 있도록 조금 더 체계화할 필요가 있는 것으로 보인다.

[그림 7] SKMS에 비친숙한 경우, 지식 내재화 현황 결과

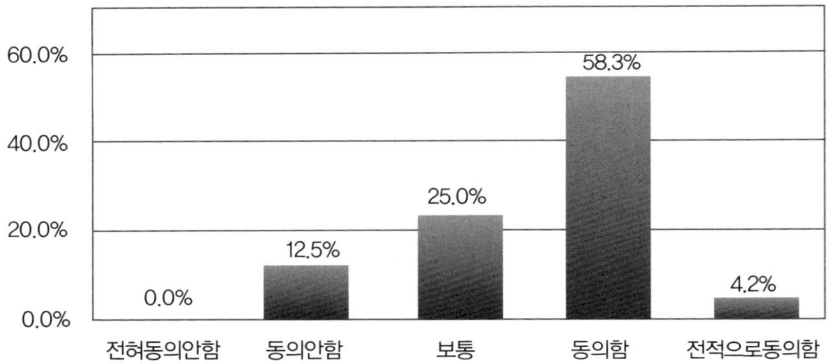

3) SKMS 관련 업무시간에 따른 지식 내재화에 대한 인식

SKMS 관련 업무시간이 많은 경우와 그렇지 않은 경우 또한 SKMS 친숙도와 마찬가지로 SKMS에 내재화된 지식의 양과 질을 평가하는 데 많은 차이가 있을 것으로 예상된다. 여기서 SKMS 관련 업무시간이란 SKMS를 기초로 하여 To-be Model이나 사업계획을 수립하고 SUPEX 추구환경을 조성하며, SUPEX 성과에 대한 평가를 수행하고, SUPEX 추진실적 등 SKMS 관련 실적에 대한 보고서를 작성하는 업무에 걸리는 시

간을 말한다. 이 조사에서는 SKMS 관련하여 수행하는 업무 시간을 2시간 이하, 3~5시간, 6~8시간, 그리고 9시간 이상으로 구분하여 살펴보았다.

먼저 SKMS 관련 업무시간이 주당 2시간 이하인 경우, 지식 내재화에 대하여 매우 긍정적으로 인식하고 있는 '전적으로 동의함'이 21.4%로, '동의함'이 30%로 나타났다. 또한 대부분의 응답자가 '보통'이라고 응답하였는데, 이는 전체 응답의 44.3%를 차지하고 있다. '동의 안 함'이라는 응답은 4.3%로, SKMS 관련 업무시간이 높은 그룹에 비하여 비교적 높은 수치인 것으로 나타났다. 이러한 결과는 SKMS 관련 업무시간이 낮을수록, SKMS가 조직 내의 지식을 체계화하는 정도가 낮다고 인식하고 있다는 것을 나타낸다. 앞의 예에서 보았듯이 SKMS와의 친숙도가 낮을 경우에 나타나는 현상과 유사한 것으로 SKMS와 관련한 업무시간이 작을수록 SKMS 자체를 이해하기 어렵고 따라서 지식체계화 정도에 대해 부정적인 인식을 많이 하는 것으로 볼 수 있다.

[그림 8] SKMS 관련 업무시간 2시간 이하인 경우, 지식 내재화 인식 현황 결과

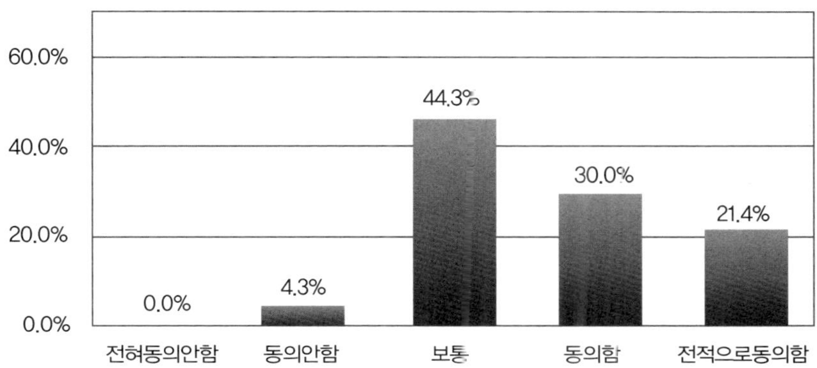

이러한 문제를 해결하기 위해서는 SKMS가 포괄할 수 있는 지식의 질적 · 양적 확대뿐만 아니라 그러한 지식들을 어떻게 전달하고 표현해야 하는지에 대한 보다 심층적인 연구가 필요할 것으로 보인다.

SKMS 관련 업무시간이 주당 3~5시간인 경우, SKMS 관련 업무시간이 주당 2시간 이하인 경우보다 '동의함'과 '전적으로 동의함'에 대한 응답 비율이 현저하게 높아졌다. SKMS 관련 업무시간이 주당 3~5시간인 경우, SKMS의 지식 내재화에 대하여 '동의함'이 56.7%, '전적으로 동의함'이 30.9%로 긍정적으로 응답한 비율이 전체의 약 88% 정도로 매우 높게 나타나는 것으로 밝혀졌다. 이러한 응답의 변화는 SKMS 관련 업무시간이 증가하면서, 조직구성원들이 SKMS가 내포하고 있는 지식에 대해 보다 많이 인식하게 되고 따라서 보다 긍정적으로 변화하고 있음을 나타낸다.

[그림 9] SKMS 관련 업무시간 3~5시간인 경우, 지식 내재화 인식 현황 결과

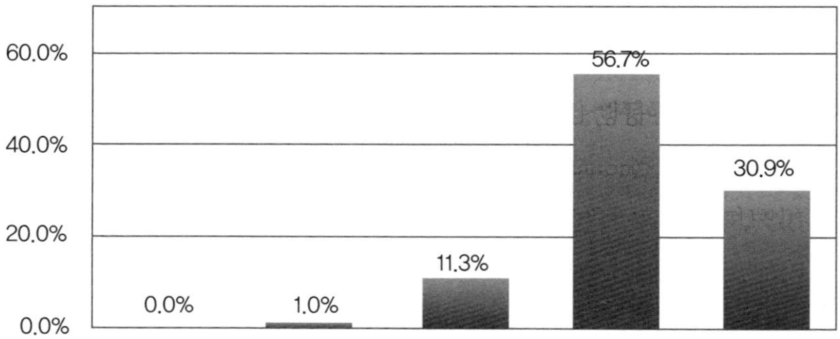

SKMS 관련 업무시간이 주당 6~8시간인 경우, 지식 내재화에 대하여 긍정적으로 응답한 비율이 전체의 약 75%로, 업무시간이 주당 3~5시간이 경우에 비하여 전체적으로는 조금 낮은 수치를 보이고 있다. 하지만,

이 경우 '동의함'에 대한 응답 비율이 56.7%에서 35%로 대폭 낮아진 반면, '전적으로 동의함'의 비율이 SKMS 관련 업무시간이 주당 3~5시간인 경우보다 약 10% 포인트 높아진 점이 특징이라고 할 수 있다. '전적으로 동의함'의 비율이 조직구성원들이 SKMS의 지식 내재화에 대한 인식이 매우 긍정적임을 고려할 때, SKMS와 관련한 업무를 주당 6~8시간을 수행하는 것이 조직구성원들의 SKMS에 대한 친숙도를 높이고 따라서 SKMS에 대한 몰입도를 높이는 것이라고 볼 수 있을 것이다.

한편 SKMS 관련 업무시간이 주당 6~8시간인 경우, 지식 내재화에 대하여 보통이라고 응답한 비율이 전체의 20%로, 업무시간이 주당 3~5시간이 경우에 비하여 약 9% 포인트 높아졌는데, 이는 SKMS와 관련하여 보다 많은 업무를 수행하는 경우, 업무와 SKMS가 내재한 지식에 대해 보다 많이 알게 되어 SKMS가 가지고 있는 업무 관련 지식의 추상성이나 문제점을 보다 잘 인식하게 되었음을 말한다고도 볼 수 있다.

[그림 10] SKMS 관련 업무시간 6~8시간인 경우, 지식 내재화 인식 현황 결과

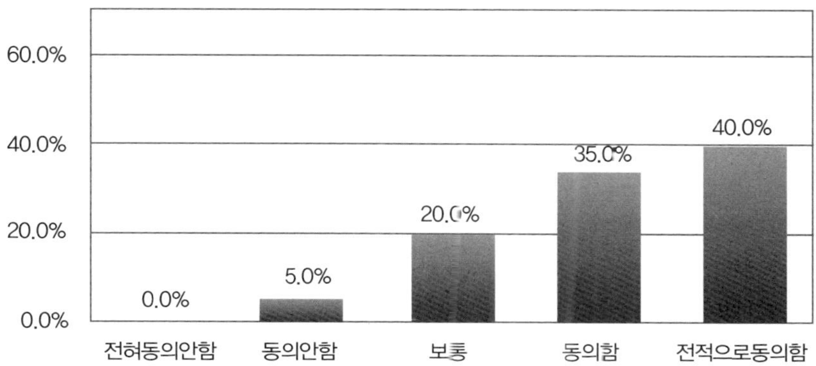

SKMS 관련 업무시간이 주당 9시간 이상인 경우, 지식 내재화에 대하

여 긍정적인 응답 '동의함'이 56.8%로 매우 높게 나타났으며, '전적으로 동의함'은 29.5%를 보였다. 즉, 주당 9시간 이상의 시간을 SKMS 관련 업무에 투입하는 경우, 지식 내재화에 대한 인식이 긍정적인 경우가 전체 응답의 86.3%로 매우 높음을 알 수 있었다. 이러한 결과는 앞에서 언급된 결과와 동일하게, SKMS 관련 업무시간이 많아지면 많아질수록, 조직구성원들이 지식 내재화에 대하여 대체로 긍정적인 응답을 보인다는 것을 말해준다.

한편, SKMS 관련 업무시간이 주당 6~8시간 이상인 경우와 비교할 경우, 미묘한 차이들이 나타났는데, '보통'이라는 응답은 20%에서 11.4%로 낮아졌고 '동의함'이라는 응답은 35%에서 56.8%로 높아진 반면, '전적으로 동의함'에 대한 응답은 40%에서 29.5%로 낮아졌다. 즉, SKMS 관련 업무시간이 주당 9시간 이상인 경우, 조직구성원들은 SKMS에 관한 전문가가 되어 SKMS가 가지고 있는 장점과 단점을 정확하게 파악하게 되고 자신의 문제에 대해 SKMS가 많은 부분에서 해결책을 주지만 보다 체계화하여야 할 부분이 있음을 인지하게 된다는 것이다.

[그림 11] SKMS 관련 업무시간 9시간 이상인 경우, 지식 내재화 인식 현황 결과

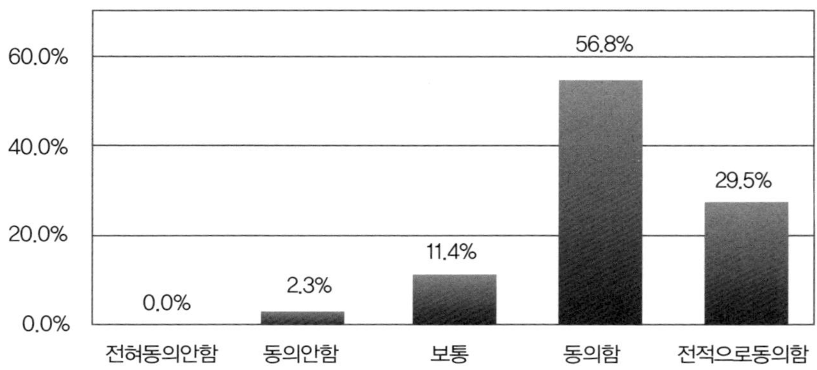

4) SKMS 사용 연수에 따른 지식 내재화에 대한 인식

SKMS의 사용 연수(업무추진에 있어 SKMS를 활용한 기간)가 오래된 경우와 그렇지 않은 경우 또한 SKMS 관련 업무시간과 마찬가지로 SKMS에 내재화된 지식의 양과 질을 평가하는 데 많은 차이가 있을 것으로 예상된다. 따라서 이 조사에서는 대상자들이 팀장 이상인 점을 고려하여, SKMS를 사용해온 연수를 5년 이하, 6~10년, 11~15년, 16~20년, 그리고 20년 이상으로 구분하고 이에 따른 SKMS의 지식 내재화 정도에 대한 인식을 살펴보았다.

SKMS 사용 연수가 5년 이하인 경우, 지식 내재화에 대하여 긍정적인 응답인 '동의함'이 45.5%, '전적으로 동의함'은 31.8%로 나타났다. '보통'이라는 응답은 13.6%, '동의 안 함'이라는 응답은 9.1%로 약 23%의 응답자가 SKMS의 지식 내재화에 대하여 아직은 부족하다고 인지하고 있음을 알 수 있는데, 이는 SKMS 사용 연수가 5년 이하인 경우, 사용 연수가 높은 집단에 비하여 SKMS의 지식 내재화에 대한 부정적인 인식이 상당히 높다는 것을 말한다.

[그림 12] SKMS 사용 연수 5년 이하인 경우, 지식 내재화 인식 현황 결과

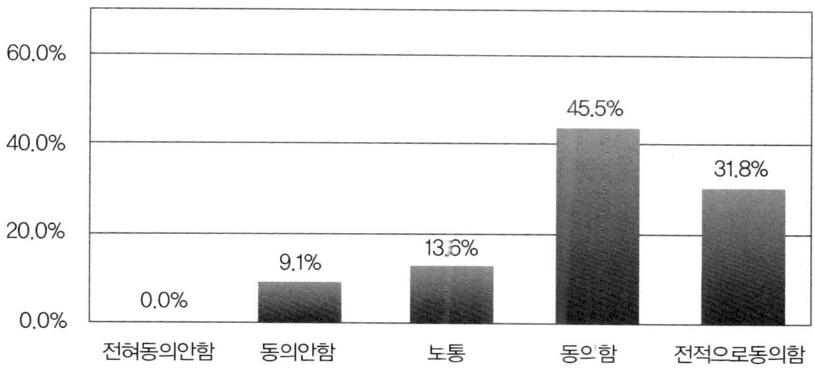

SKMS 사용 연수가 6~10년인 경우, 지식 내재화에 대하여 긍정적으로 응답한 비율이 전체의 약 92%로, 사용 연수가 5년 이하인 경우에 비하여 매우 높은 수치임을 알 수 있다.

SKMS 사용 연수가 6~10년인 경우는 '동의 안 함'이 전혀 없고, 보통도 5년 이하와 비교할 경우 13.6%에서 7.9%로 약 6% 포인트 낮아졌는데 이러한 결과는 결국, 보다 많이 사용하게 될 경우 SKMS가 주는 이점과 SKMS에 내재된 지식의 체계에 대해 보다 잘 이해하기 때문에 생기는 결과로 보인다. 또한 회사의 경우에 6~10년차가 가장 실무적인 일을 많이 할 시기라는 것을 감안할 때, 이들의 충성도가 매우 높음을 알 수 있다.

[그림 13] SKMS 사용 연수 6~10년인 경우, 지식 내재화 인식 현황 결과

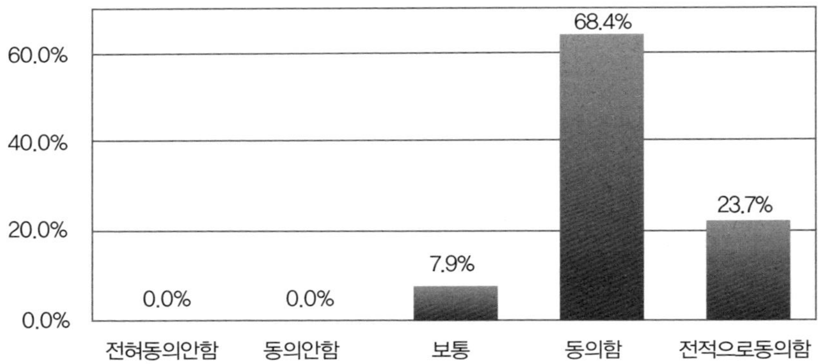

SKMS 사용 연수가 11~15년인 경우, 지식 내재화에 대하여 긍정적으로 응답한 비율이 전체의 약 83%로, 사용 연수가 6~10년인 경우에 비하여 조금 낮은 수치이나, 전반적으로 긍정적인 응답을 보이고 있다. SKMS 사용 연수가 11~15년인 경우, 사용 연수가 6~10년인 경우에 비하여 몇 가지 변화를 보이고 있다. 첫째는 '동의함'의 비율이 상대적으로 낮아지고 '전적으로 동의함'이 사용 연수 6~10년인 경우의 23.7%에서 37%로 약 13.3% 포인트가 높아졌다는 것이다. 이는 SKMS의 사용 연수가 10년을 넘어갈 경우에 조직구성원들의 SKMS의 지식 내재화에 인식이 매우 긍정적으로 변한다는 것을 의미한다. 두 번째는, '동의 안 함'이 2.2%로 늘었고 '보통'이 7.9%에서 15.2%로 증가했다는 것이다. 이러한 결과는 6~10년차의 경우보다 약간 부정적인 인식이 늘었다는 것을 의미하는데, 첫 번째의 결과와 같이 본다면, 시간이 지날수록 충성도는 증가하지만, SKMS가 가지고 있는 문제점 또한 인식해가고 있다는 의미가 된다.

[그림 14] SKMS 사용 연수 11~15년인 경우, 지식 내재화 인식 현황 결과

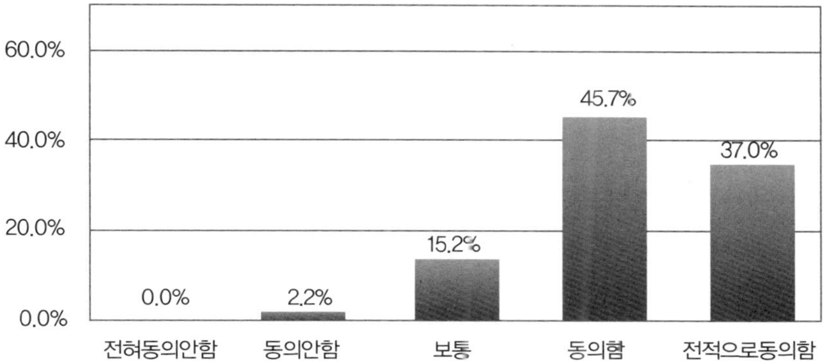

SKMS 사용 연수가 16~20년인 경우, 지식 내재화에 대하여 긍정적으로 응답한 비율이 전체의 약 85%로 매우 높은 수치를 보이고 있으며, '보통'이라는 응답은 11.5%를 차지하고 있는 것으로 나타났다.

좀 더 자세히 비교해보면, SKMS 사용 연수가 11~15년인 경우에 비해 '보통'이라는 응답은 약간 낮아졌으나, '전적으로 동의함'이라는 응답 또한 낮아졌고, '동의함'이라는 응답이 다시 높아졌음을 알 수 있다. 여기서

특히 문제가 되는 것은 충성도가 아주 높은 것으로 판단되는 '전적으로 동의함'에 대한 응답이 37%에서 26.9%로 약 10% 포인트 낮아졌다는 것이다. 이러한 현상은 사용 연수가 높아질수록 SKMS의 일반적 효용성, 즉 조직 내부의 일반적 지식 내재화에 대해서는 공감하나, 자신들이 실제 당면하고 있는 문제에 대한 보다 구체적인 답을 얻지는 못한다는 문제의식의 발로일 수 있다는 것을 나타내고 있는 것으로 판단된다.

[그림 15] SKMS 사용 연수 16~20년인 경우, 지식 내재화 인식 현황 결과

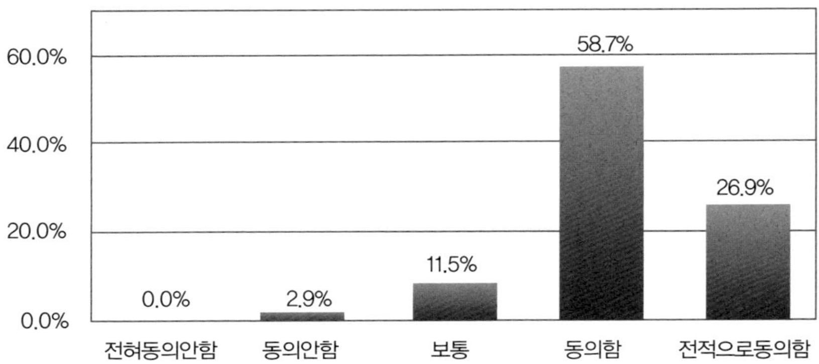

SKMS 사용 연수가 21년 이상인 경우, 지식 내재화에 대하여 긍정적으로 응답한 비율이 전체의 약 85%로, 사용 연수가 16~20년인 경우와 유사한 정도로 지식 내재화에 대하여 긍정적으로 인식하고 있음을 알 수 있다. 하지만, 사용 연수가 16~20년인 경우와 비교할 때, '전적으로 동의함'에 대한 응답이 26.9%에서 23.8%로 낮아져 있음을 알 수 있다. 이러한 결과는 약간의 경향성을 나타내는데, 사용 연수가 11~15년인 경우에서부터, 16~20년인 경우, 그리고 21년 이상인 경우까지, 전체적인 지식 내재화에 대한 인식은 비슷하나, 그 충성도가 낮아져가고 있다는 점이다.

이러한 부분들은 SKMS의 잠재적 효용성을 떨어뜨리는 주요한 변수임으로, 사용 연수가 오래될 경우에 왜 충성도가 낮아지는지에 대한 원인 분석이 보다 세밀하게 이루어져야 할 것으로 보인다.

[그림 16] SKMS 사용 연수 21년 이상인 경우, 지식 내재화 현황 결과

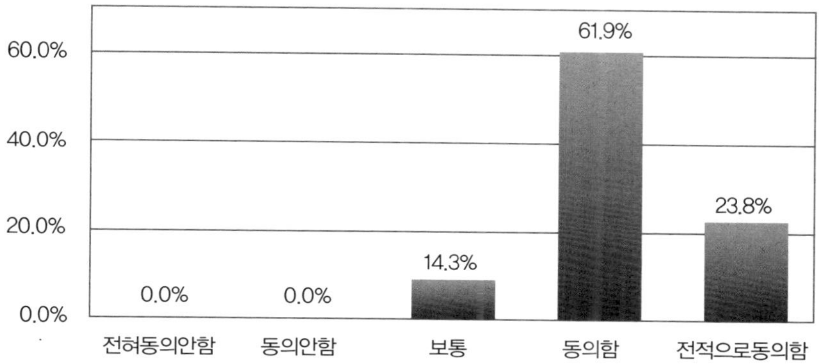

3. 팀 내부 환경에 대한 인식

팀 내부 환경은 팀 구성원들의 상호작용 형태, 지식과 경험의 정도를 의미하며, 이러한 팀의 내부 환경은 SKMS가 실제 활용되는 방식과 정도에 많은 영향을 미치게 된다. 이러한 측면에서 팀 내부 환경을 분석하는 것은 매우 중요하다고 할 수 있다. 이 조사에서는 아래의 4개 항목으로 팀 내부 환경을 조사하였다.

[표 3] 팀 내부 환경 측정 항목

항목	팀 내부 환경
1	우리 팀원들은 동료가 요청하지 않아도 자진해서 팀 동료의 업무를 돕는다.
2	우리 팀원들은 팀 동료의 업무를 자주 도와주는 편이다.
3	우리 팀원들은 하루 일과 중에 팀 동료들과 자주 의사소통을 한다.
4	우리 팀원들은 팀에서 '가족의 일원'이라는 감정을 느낀다.

SK그룹의 조직구성원들은 팀원들과의 의사소통, 팀원 간 자발적인 협력, 그리고 팀원 간 감정적 유대 등에 대해 매우 긍정적으로 응답하였다. 구체적으로 살펴보면, '동의함'이 52.4%, '전적으로 동의함'이 41.6%로 전체 응답 중 긍정적인 응답이 94%를 차지하고 있다. 이러한 결과는, 조직 내 팀원들이 인지하고 있는 팀 내부 환경, 즉 동료 간의 의사소통, 협업 등이 매우 긍정적으로 잘 이루어지고 있음을 나타낸다. 이러한 팀 내부 환경은 SKMS를 활용하는 데 있어서 매우 긍정적인 영향을 미치게 된다.

[그림 17] 팀 내부 환경 현황 결과

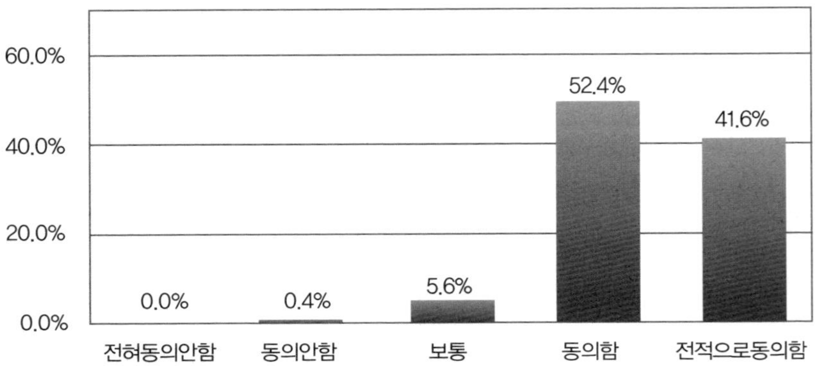

4. 조직환경에 대한 인식

조직환경은 조직의 경쟁환경과 조직문화를 의미하는 것인데, 이 조사에서는 조직문화는 제외하고 조직의 경쟁환경 중 조직이 속해 있는 환경이 얼마나 신제품 또는 서비스 출시에 적극적인지, 사업수행에 있어서 얼마나 많은 전문성을 요구하는지를 중심으로 고찰해보았다. 왜냐하면, 조직문화는 같은 SK그룹 내에 있는 팀들의 경우에 유사할 것이라고 추정되기 때문이다. 또한 전문가는 자신의 전문적인 지식을 바탕으로 변화하는 환경 속에서 특정한 문제에 대해 상부의 지시 없이도 스스로 자신이 의사결정을 할 수 있는 사람이므로 새로운 제품이나 서비스가 요구되는 환경에서 꼭 필요하다. 조직환경은 [표 4]의 두 개 항목으로 측정되었다.

[표 4] 조직환경 측정 항목

항목	조직환경
1	우리 회사가 속한 시장은 새로운 제품/서비스 출시에 적극적인 편이다.
2	우리 회사는 사업수행에 있어 전문가를 많이 필요로 한다.

SK그룹의 조직구성원들은 자신들이 처한 조직환경이 전반적으로 새로운 제품/서비스의 출시를 요구하며, 전문가를 많이 필요로 하는 환경이라고 인지하고 있는 것으로 나타났다. 설문에 대한 응답을 살펴보면, 조직환경에 대한 긍정적인 응답, 즉 '동의함'이 43.3%, '전적으로 동의함'이 32.5%로, 전체적으로는 75.8%가 자신들이 처한 조직환경이 상당히 유동적이고 경쟁적이라고 인식하고 있다는 것을 알 수 있다.

[그림 18] 조직환경에 대한 인식 현황 결과

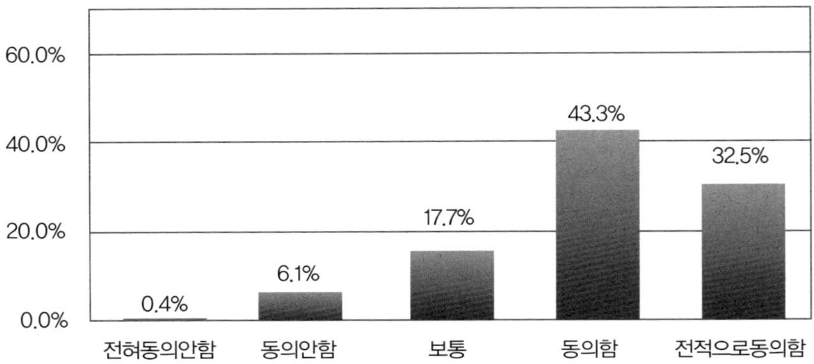

그러나 조직환경에 대하여 '보통'이라는 응답이 17.7%, '동의 안 함'이라는 응답이 6.1%, '전혀 동의 안 함'이라는 응답이 0.4%로 나타나, 조직환경이 새로운 제품/서비스의 출시를 요구하며, 전문가를 많이 필요로 하는 환경이라고 인지하지 않는 구성원들도 약 24.2% 정도 있는 것으로 나타났다. 이러한 결과는 두 가지로 해석될 수 있다. 첫째는, SK그룹 내에서도 특정한 팀 또는 조직은 안정적인 환경에서 비즈니스를 운용하고 있어 새로운 제품이나 서비스에 대한 필요를 느끼지 못하고 있거나, 둘째는 시장은 새로운 제품이나 서비스, 그리고 이에 대응하기 위한 전문가를 필요로 하고 있음에도 해당 조직이나 팀에서 이를 인지하지 못하고 있을 가능성이다. 따라서 이에 대한 추가적인 연구가 필요할 것으로 보인다.

5. 팀 업무환경에 대한 인식

일반적으로 팀 업무환경은 업무 자율성, 스킬 다양성, 업무 주체성, 업무 중요도, 피드백과 같은 업무 관련 속성을 의미하는데, 이번 연구에서는 이러한 속성 대신에 SKMS의 활용과 관련한 업무환경에 초점을 맞췄다. 즉, SKMS의 활용에 영향을 미칠 수 있는 업무 특성에 초점을 맞췄다는 것이다. 팀 업무환경은 [표 5]의 두 개 항목으로 측정하였다.

[표 5] 팀 업무환경 측정 항목

항목	팀 업무환경
1	우리 팀의 업무를 수행하는 데는 공식 교육훈련이 필요하다.
2	우리 팀은 직무를 수행하기 위한 표준화된 운영 절차를 가지고 있다.

팀 업무환경에 대한 응답을 분석한 결과, 대부분의 SK그룹 조직구성원들은 업무수행에 있어서 공식적인 교육훈련이 많이 필요하며, 자신의 조직 또는 팀은 직무수행에 필요한 지식을 잘 활용할 수 있도록 체계화 및 표준화된 운영 절차를 가지고 있다는 데 동의했다. 응답 비율을 살펴보면, '동의함'이 55.4%, '전적으로 동의함'이 24.7%로, 전체 응답의 약 80%가 자신의 업무수행에 있어서 공식적인 교육훈련을 많이 필요로 하며, 자신의 팀은 직무수행에 필요한 지식을 잘 활용할 수 있도록 체계화 및 표준화된 운영 절차를 가지고 있다고 인식하고 있음을 알 수 있다. 이 항목에 대한 분석 결과는 SK그룹의 팀들은 업무 자체의 난이도가 높고 지속적인 변화 속에서 업무를 효율적으로 수행하기 위해 교육훈련의 필요성이 있다고 느끼고 있으며, 그룹 전체 차원의 업무 효율화, 즉 SKMS에 기반을 둔 다양한 업무 추진 프로세스를 통해 업무 프로세스를 체계화하였음을 나타낸다. 또한 SKMS를 기반으로 업무를 효율적으로 추진하기 위해서 업무 추진 절차들을 표준화하고 체계화해야 할 필요성이 있기 때문에 스스로 체계화된 절차를 만들어 사용하고 있는 것으로 추정할 수 있겠다.

[그림 19] 팀 업무환경 현황 결과

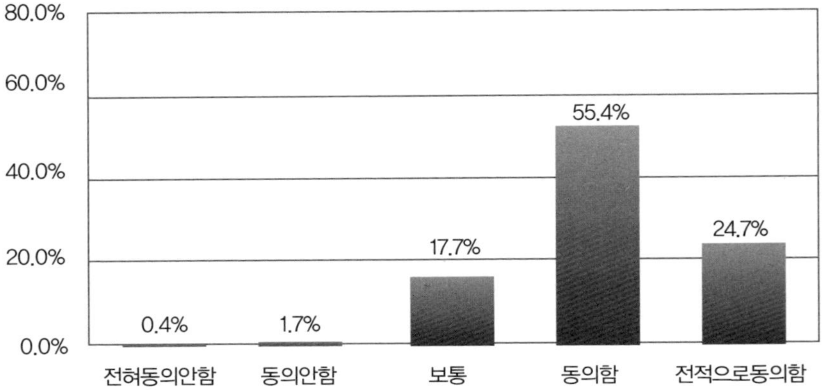

6. SKMS의 활용에 대한 인식

SKMS의 활용은 SK그룹의 조직구성원들이 팀 내에서 얼마나 SKMS를 잘 활용하여 그들의 업무를 수행하는가에 대한 인식을 측정하고 있다. 여기서는 이에 대한 인식을 전반적인 인식, SKMS와의 친숙도에 따른 인식, SKMS 관련 업무시간에 따른 인식, SKMS 사용 연수, 그리고 조직 기능에 따른 인식 등으로 구분하여 살펴본다. 이번 조사에서는 SKMS를 통해 다양한 지식과 방법론들이 조직 내 팀들이 처한 상황에 맞게 잘 활용되고 있는지를 알아보고자, [표 6]의 다섯 개 항목으로 측정하였다.

[표 6] SKMS 활용 측정 항목

항목	SKMS 활용
1	우리 팀의 비즈니스 정책 및 규범은 SKMS가 제시하는 방법론과 일치한다.
2	우리 팀의 자원 조직화 방법은 SKMS가 제시하는 방법론과 일치한다.
3	우리 팀의 핵심 자원 활용방법은 SKMS가 제시하는 방법론과 일치한다.
4	우리 팀의 문제점 분석 및 대안 제시 방법은 SKMS가 제시하는 방법론과 일치한다.
5	우리 팀 업무의 핵심 성공요소는 SKMS가 제시하는 요소와 일치한다.

1) 전반적인 SKMS의 활용에 대한 인식

SKMS 활용에 대한 응답에 대해 분석한 결과, 조직의 팀 내에서 SKMS의 활용이 긍정적임을 나타내는 응답이 압도적으로 많았다. 즉, '동의함'이 52.4%, '전적으로 동의함'이 42%로, 전체 응답의 약 95%가 SKMS의 활용에 대해 매우 긍정적으로 응답했다. 이는 SK그룹 내 각 팀들이 SKMS를 적극적으로 활용하여, 그들의 비즈니스 정책 및 규범을 만들고, 자원을 조직화하며, 핵심자원을 활용하고 있음을 나타낸다. 또한 이들 팀들은 그들이 가진 문제점을 분석하고 대안을 도출하기 위해 SKMS를 적극적으로 활용하고 있으며, SKMS에서 제시하고 있는 핵심 성공요소를 그들 자신의 핵심 성공요소로 인용하고 있음을 알 수 있다.

궁극적으로 SK그룹은 지금까지의 노력을 통해 SKMS가 조직 내 팀들에게 잘 전파되고 활용될 수 있는 기반을 조성하고 실제 활용될 수 있도록 하는 데 성공적이었다는 것을 이 자료는 나타내고 있다.

[그림 20] SKMS 활용 현황 결과

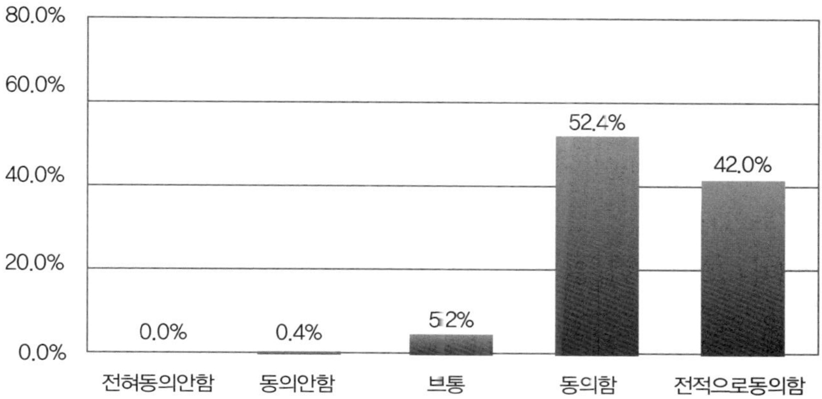

2) SKMS와의 친숙도에 따른 활용 현황

SKMS의 활용 정도를 SKMS에 대한 친숙도에 따라 살펴보았는데 이는 친숙한 경우와 그렇지 않은 경우, SKMS가 활용되는 정도에 대한 판단이 다를 것이라는 예측에서이다. 실제로 친숙하다는 응답자와 그렇지 않다는 응답자 간에는 SKMS의 활용에 대한 인식의 정도가 다른 것으로 나타났다.

SKMS에 친숙하다고 느끼는 응답자의 경우, SKMS 활용에 대한 긍정적인 응답은 전체 응답의 약 95%, SKMS 활용에 대해 '보통 이하'의 인식을 보이는 응답은 약 4.3%로 매우 낮은 수치를 보였다. 특히, SKMS에 친숙하다고 느끼는 응답자의 경우는 SKMS의 활용에 대해 '전적으로 동의함'이라는 항목에 대해 약 45%가 찬성하였는데 이는 SKMS의 친숙도와 SKMS의 활용에 대한 인식에 상당한 상관관계가 있음을 의미한다. 결국, SKMS와 친숙한 사람의 경우는 친숙함 그 자체가 SKMS의 활용을 긍정적으로 평가하게 했거나 혹은 SKMS의 구조나 지식체계를 잘 알기 때문에 자신의 업무 어느 부분에 SKMS가 활용되는지를 평가할 수 있는 역량을 가졌다고 평가할 수 있다.

[그림 21] SKMS에 친숙한 경우, SKMS 활용 현황 결과

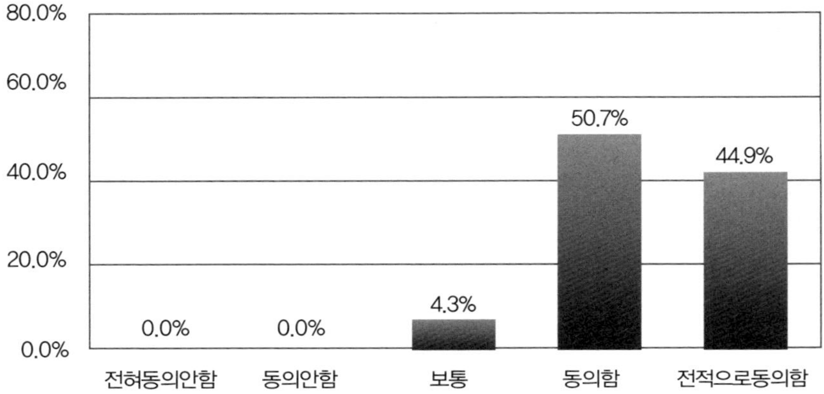

반면, SKMS에 비친숙하다고 느끼는 응답자의 경우, SKMS 활용에 대한 긍정적인 응답은 전체 응답의 약 84%, SKMS 활용에 대해 '보통 이하'의 인식을 보이는 응답은 약 16%로 나타났다. 이러한 결과는 SKMS에 친숙하다고 느끼는 응답자의 경우보다, 부정적인 응답이 12.4%가 많음을 나타내는데, SKMS와의 친숙도가 이러한 차이를 불러왔을 것으로 추정된다. 또 한 가지 재미있는 사실은 SKMS에 비친숙하다고 느끼는 응답자의 경우, SKMS에 친숙하다고 느끼는 응답자의 경우보다 '동의함'에 대한 응답은 16%가 높은 반면, '전적으로 동의함'에 대한 응답이 28.3% 포인트가 낮다는 점이다. 이러한 결과는 SKMS에 대한 친숙도가 높으면 높을수록 SKMS의 내용 및 형식에 대한 이해도가 높고 충성도가 높아져, SKMS가 조직 내에서 미치는 영향에 민감하지만, SKMS에 대한 친숙도가 떨어질 경우, SKMS에 대한 이해도가 낮아지면서 SKMS가 조직 내에서 미치는 영향과 성과에 대해 상대적으로 낮은 평가를 하게 된다는 것이다.

[그림 22] SKMS에 비친숙한 경우 SKMS 활용 현황 결과

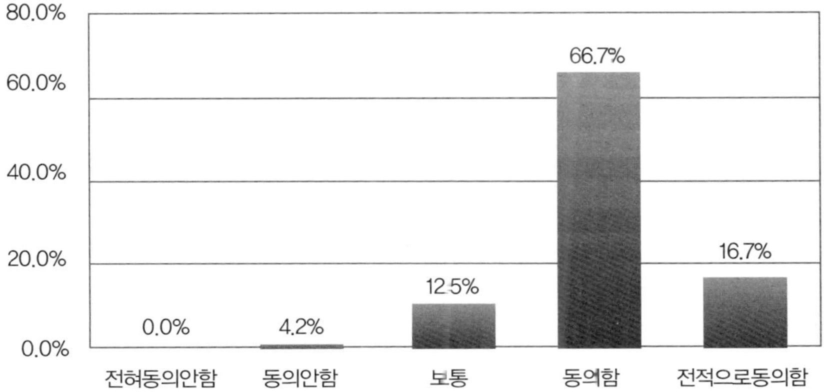

3) SKMS 관련 업무시간에 따른 활용 현황

SKMS 관련 업무시간이 많은 경우와 그렇지 않은 경우 또한 SKMS 친숙도와 마찬가지로 SKMS의 조직 내 활용에 대해 평가하는 데 많은 차이가 있을 것으로 예상된다. 따라서 이 조사에서는 SKMS 관련하여 수행하는 업무시간을 2시간 이하, 3~5시간, 6~8시간, 그리고 9시간 이상으로 구분하여 살펴보았다.

먼저, SKMS 관련 업무시간이 주당 2시간 이하인 경우, SKMS 활용에 대하여 매우 긍정적으로 인식하고 있는 '전적으로 동의함'이 58.6%로 높게 나타났고, '동의함'이 35.7%로 나타났다. 전체 응답자 중 94.3%의 응답자가 SKMS 활용에 매우 긍정적인 응답을 보이고 있음을 알 수 있다. SKMS 활용에 부정적인 응답은 0%로 나타났는데 '보통'이라는 응답 5.7%를 감안할 경우이고 조직 내 SKMS의 활용이 매우 잘 이루어지고 있는 것으로 구성원들이 인식하고 있음을 나타낸다.

또한 SKMS 관련 업무시간이 높은 집단과 비교했을 때에도 SKMS 관련 업무시간이 낮음에도 불구하고, SKMS 활용이 매우 잘 이루어지고 있다고 인식하는 것을 알 수 있다.

[그림 23] SKMS 관련 업무시간 2시간 이하인 경우, SKMS 활용 현황 결과

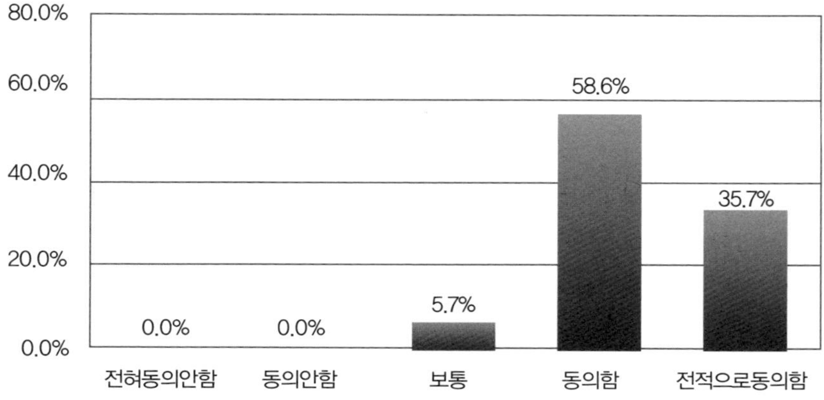

또한 SKMS 관련 업무시간이 주당 3~5시간인 경우에도, SKMS 활용에 대하여 매우 긍정적으로 인식하고 있는 '전적으로 동의함'이 37.1%로 높게 나타났고, '동의함'이 56.7%로, 전반적으로 SKMS 활용에 긍정적임을 알 수 있다.

[그림 24] SKMS 관련 업무시간 3~5시간인 경우, SKMS 활용 현황 결과

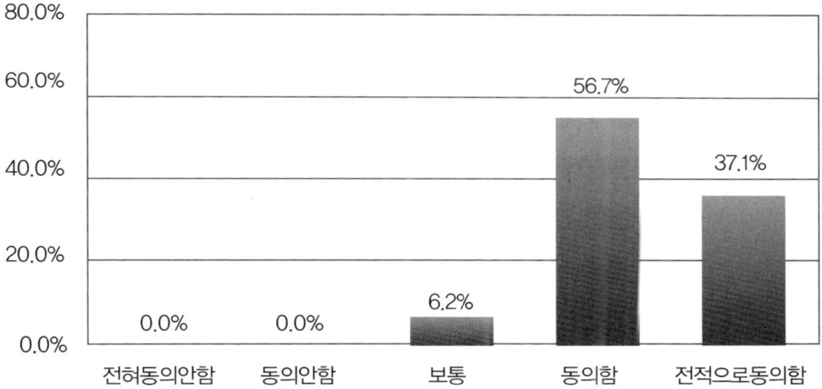

한편, SKMS 관련 업무시간이 주당 6~8시간으로 증가하는 경우는, SKMS 활용에 대한 긍정적인 응답 '동의함'과 '전적으로 동의함'의 합이 100%로 나타났다. 여기서 주목할 만한 결과는 SKMS 관련 업무시간이 주당 3~5시간인 경우와 비교할 경우, '보통'이라는 응답이 6.2%에서 0%로 줄어들고, '동의함'이라는 응답이 56.7%에서 55%로 낮아지는 반면, '전적으로 동의함'에 대한 응답 비율이 37.1%에서 45%로 높아지고 있다는 사실이다. 이는 SKMS 관련 업무시간이 2시간 이하에서 3~5시간으로 증가했을 때 '전적으로 동의함'의 비율이 1.4% 포인트 증가함과 비교해볼 때 상당한 증가라고 볼 수 있다. 이러한 결과는 SKMS 관련 업무시간이 증가함에 따라 실제로 자신들의 업무에 있어서 SKMS의 활용이 높아지고

SKMS에 대해 보다 긍정적인 인식을 가지게 된다는 것을 나타낸다.

[그림 25] SKMS 관련 업무시간 6~8시간인 경우, SKMS 활용 현황 결과

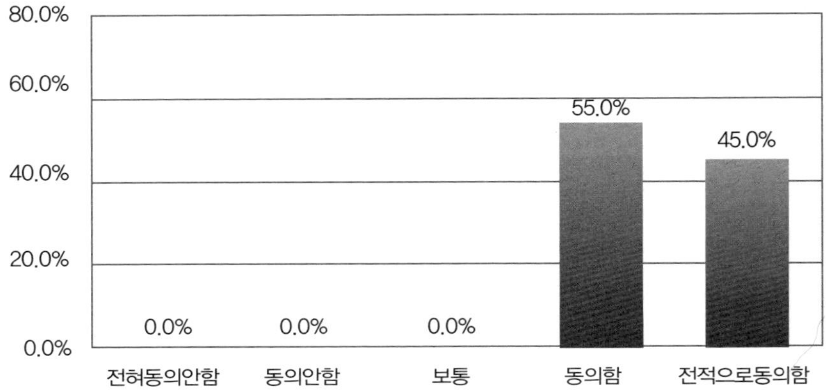

반면, SKMS 관련 업무시간이 주당 9시간 이상인 경우에는 SKMS 활용에 대하여 긍정적인 응답, 즉 '동의함'이 31.8%, '전적으로 동의함'은 61.4%로 나타났다. 약 93%의 응답자가 긍정적으로 대답하였으나 주당 6~8시간인 경우보다 낮은 수치를 나타냈다. 이러한 결과는 '동의하지 않음'이 2.3%, '보통'이 4.5%로 증가했기 때문인데, SKMS 관련 업무시간이 9시간을 초과하는 경우, 조직구성원들은 SKMS의 실질적인 활용에 대해 보다 비판적인 시각을 가지게 되는 것으로 보인다. 즉, SKMS 관련 업무시간에 관계없이 SKMS를 조직 내의 구성원들이 많이 활용하고 있으나, 시간이 9시간을 초과하게 되면 상대적으로 활용되지 않는 부분들에 대한 인식이 증가하는 것으로 볼 수 있다.

여기서 주목해야 할 점은 SKMS 관련 업무시간이 9시간 이상인 경우, '전적으로 동의함'에 대한 응답이 SKMS 관련 업무시간이 6~8시간인 경우와 비교할 때, 16.4% 포인트 증가한다는 사실이다. 이는 SKMS 관련한

업무를 9시간 이상 수행하는 사람들의 경우, SKMS를 적극적으로 활용하여, 그들의 비즈니스 정책 및 규범을 만들고, 자원을 조직화하며, 핵심자원을 활용하고 있음을 나타낸다. 또한 이들은 자신의 팀이 대면한 문제를 분석하고 대안을 도출하기 위해 SKMS를 적극적으로 활용하고 있으며, SKMS에서 제시하고 있는 핵심 성공요소를 그들 자신의 핵심 성공요소로 삼아 실제 업무를 수행하고 있음을 알 수 있다.

[그림 26] SKMS 관련 업무시간 9시간 이상인 경우, SKMS 활용 현황 결과

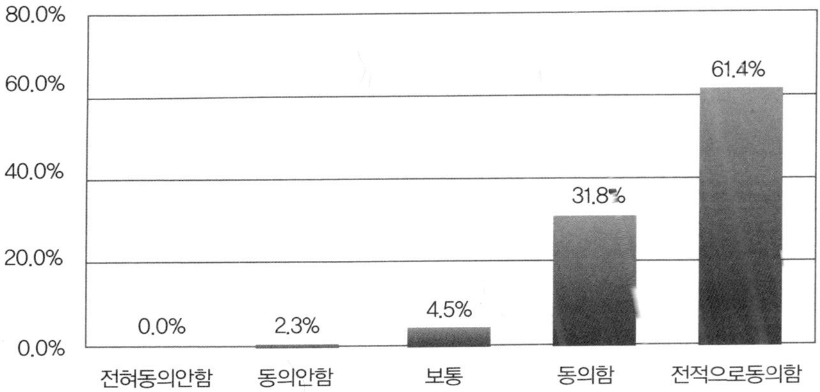

4) SKMS 사용 연수에 따른 활용 현황

SKMS의 사용 연수가 오래된 경우와 그렇지 않은 경우 또한 SKMS 관련 업무시간과 마찬가지로 SKMS의 활용 정도에 대하여 평가하는 데 많은 차이가 있을 것으로 예상된다. 따라서 이 조사에서는 대상자들이 팀장 이상인 점을 고려하여, SKMS를 사용해온 연수를 5년 이하, 6~10년, 11~15년, 16~20년, 그리고 20년 이상으로 구분하고 이에 따른 SKMS의 활용 정도에 대한 인식을 살펴보았다.

SKMS 사용 연수가 5년 이하인 경우, SKMS 활용에 대하여 긍정적인

응답 ‘동의함’이 45.5%로 매우 높게 나타났으며, ‘전적으로 동의함’은 40.9%로 매우 높게 나타났다. ‘보통’이라는 응답은 9.1%, ‘동의 안 함’이라는 응답은 4.5%로 약 14%의 응답자가 SKMS 활용에 대하여 부족하다고 인지하고 있음을 알 수 있는데, 이는 사용 연수가 높은 집단에 비하여 SKMS 활용에 대한 부정적인 인식이 조금 높음을 나타내고 있다.

[그림 27] SKMS 사용 연수 5년 이하인 경우, SKMS 활용 현황 결과

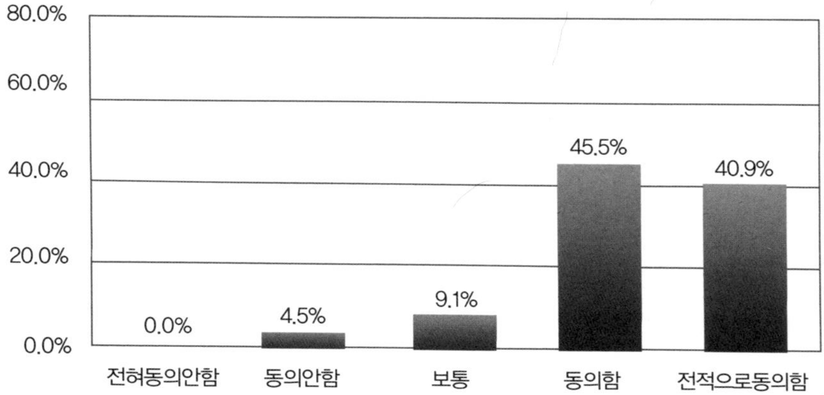

SKMS 사용 연수가 6~10년인 경우, SKMS 활용에 대하여 긍정적으로 응답한 비율이 전체의 약 90%로, 사용 연수가 5년 이하인 경우에 비하여 조금 더 긍정적으로 응답했음을 나타낸다. 하지만 ‘동의함’이라는 응답이 약 10% 포인트 높아진 반면, ‘전적으로 동의함’에 대한 응답이 약 7% 포인트 낮아진 점에 유의해야 할 필요가 있다. 사용 연수가 5년 이하에서 6~10년으로 증가할 경우, 조직구성원들의 SKMS 활용에 대한 인식이 보다 긍정적으로 변하지만, 전적으로 동의하지 않는다. 즉, 최고경영진의 의사에 맞추기 위해 피상적으로 활용하는 면도 있다는 인식이 확산되고 있는 부분이라고도 평가할 수 있다.

[그림 28] SKMS 사용 연수 6~10년인 경우, SKMS 활용 현황 결과

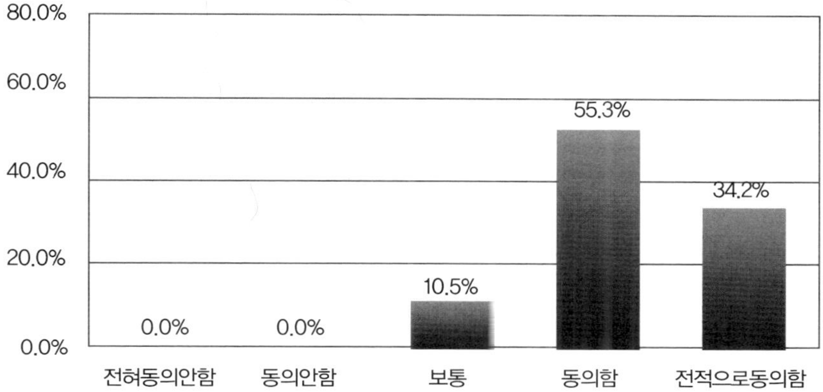

SKMS 사용 연수가 11~15년인 경우, SKMS 활용에 대하여 긍정적으로 응답한 비율이 전체의 약 91%로, 사용 연수가 6~10년인 경우와 매우 유사한 수치를 보이고 있다. 하지만, 이 경우에는 사용 연수가 6~10년인 경우와 비교할 때, '전적으로 동의함'에 대한 응답비율이 34.2%에서 54.3%로 급격하게 증가하고 있음을 유의해야 할 필요가 있다. 즉, SKMS 사용 연수가 11~15년인 경우에는 SKMS를 진정으로 활용하고 있다고 인식하는 비율이 급격하게 증가하게 되는데, 이들이 주로 중간 의사결정자로서 의사결정을 내리기 때문이고, 이러한 의사결정을 SKMS에 준거하여 내리기 때문인 것으로 판단된다. 즉, 실제 의사결정이나 조직의 운용에서 주도적인 역할을 수행하는 그룹으로 SKMS의 활용이 생활화되어 실제 업무에서 SKMS에 준거하는 행위들을 많이 하고 있는 그룹이라는 것이다.

[그림 29] SKMS 사용 연수 11~15년인 경우, SKMS 활용 현황 결과

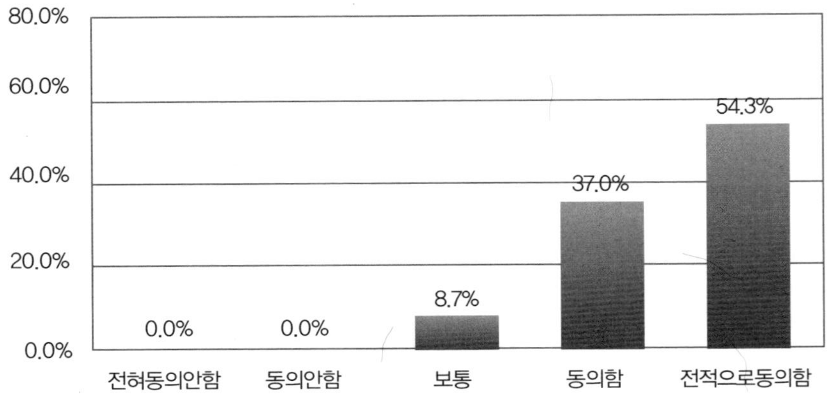

SKMS 사용 연수가 16~20년인 경우, SKMS 활용에 대하여 긍정적으로 응답한 비율이 전체의 약 98%로, 매우 높은 긍정적인 수치를 보이고 있다.

하지만, SKMS 사용 연수가 16~20년인 경우, SKMS 사용 연수가 11~15년인 경우와 비교할 때, '전적으로 동의함'의 비율이 54.3%에서 41.3%로 13% 포인트가 감소하고 있음을 볼 수 있다. 이러한 결과는 중간 의사결정자를 벗어나 보다 전략적 의사결정을 할 수 있는 위치에 있는 그룹에서 SKMS의 활용에 대하여 전적으로 동의하기 어려운 부분들이 발견되고 있다는 것을 의미한다. 즉, 보다 전략적인 의사결정, 혹은 실제적으로 조직이 당면한 문제에 대한 보다 심도 깊은 해결책을 SKMS가 제공하기에는 부족한 부분이 있다는 사실에 대한 자각이 일어나고 있다는 것이다.

[그림 30] SKMS 사용 연수 16~20년인 경우, SKMS 활용 현황 결과

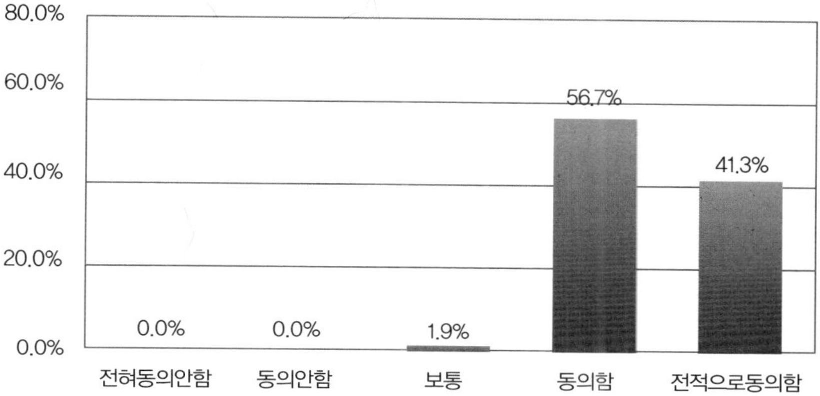

마지막으로, SKMS 사용 연수가 20년 이상인 경우, SKMS 활용에 대하여 긍정적으로 응답한 비율은 '동의함'이 66.7%, '전적으로 동의함'이 33.3%로, 가장 높은 수치를 나타내고 있다. 이 결과는 SKMS 사용 연수가 높을수록 SKMS 활용에 긍정적인 응답을 브인다는 것을 말해주고 있다. 하지만, SKMS 사용 연수가 11~15년인 경우 및 SKMS 사용 연수가 16~20년인 경우와 비교할 때, '전적으로 동의함'의 비율이 지속적으로 감소하여, 54.3%에서 41.3%로, 그리고 33.3%로 하락하고 있다는 점은 매우 주의 깊게 분석해야 할 필요가 있다고 판단된다. 즉, 중간관리자층에서 전적으로 활용하고 있던 SKMS가 그 이상의 직급이나 계층에서는 더 이상 전적으로 활용되고 있지 않다는 것이다. 이는 앞서 언급되었던 바대로 중간 의사결정자 단계에 있는 11~15년 정도의 사용자들은 전적으로 SKMS가 활용되고 있다고 믿는 반면, 보다 전략적 의사결정을 할 수 있는 위치에 있는 그룹에서는 SKMS가 전적으로 활용되고 있다는 믿음이 감소하고 있다는 것이다. 즉, 보다 전략적인 의사결정, 혹은 실제적으로 조직이 당면한 문제에 대한 보다 심도 깊은 해결책을 얻어내야 하는 계층에게

는 SKMS가 제공하는 솔루션들이 부족한 부분이 있다는 것이다. 물론 이러한 결론은 추론이기 때문에 보다 과학적인 방법에 의한 추가적인 분석이 이루어져야 할 것으로 판단된다.

[그림 31] SKMS 사용 연수 21년 이상인 경우, SKMS 활용 현황 결과

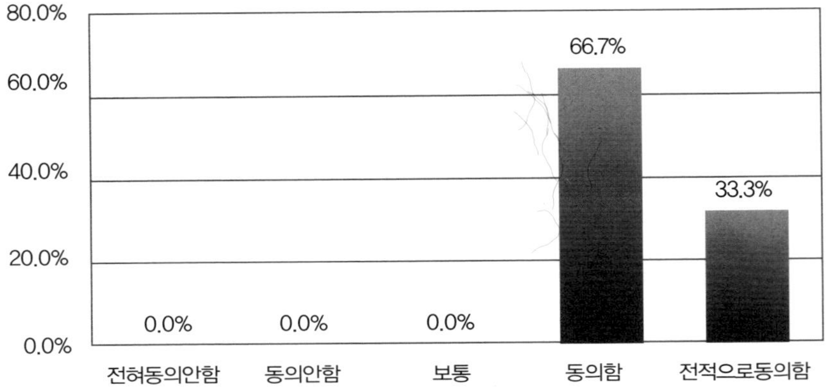

5) 조직 기능에 따른 활용 현황

우리는 SKMS가 SK그룹이 그동안 축적해온 지식을 체계화한 지식 플랫폼이라고 정의했다. 따라서 이러한 지식은 조직 내에서 다양하게 활용될 것이다. 하지만 SKMS가 축적하고 체계화해온 지식은 조직 기능별로 차이가 있을 것이고, 이러한 차이가 조직 기능별 SKMS의 활용에 영향을 미칠 것으로 판단된다. 따라서 이 조사에서는 조직 기능을 기획, 인사/재무/R&D, 생산/구매, 그리고 판매/마케팅의 네 가지로 구분하고 이에 따른 SKMS의 활용 정도에 대한 인식을 살펴보았다.

먼저 기획팀의 경우, SKMS 활용에 대하여 긍정적인 응답 '동의함'이 53.5%로 매우 높게 나타났으며, '전적으로 동의함'은 34.9%로 역시 높게

나타났다. '보통'이라는 응답은 9.3%, '동의 안 함'이라는 응답은 2.3%로 약 12%의 응답자가 SKMS 활용에 대하여 부족하다고 인지하고 있음을 알 수 있다. 이는 다른 기능들에 비해 부정적인 응답이 상대적으로 높음을 의미하는데, 기획부서가 상대적으로 SKMS를 가장 많이 활용할 것이라는 인식에 반하는 것으로 판단된다. 이러한 현상은 기획부서의 업무가 새로운 환경에 대응하는 부분이 많음에도 SKMS가 이를 충족시키지 못하는 부분이 있음을 의미하는 것으로 해석될 수 있다. 특히 '전적으로 동의함'에 대한 응답이 34.9%로 다른 기능부서에 비해 현저히 낮은 것도 이러한 해석을 가능하게 한다.

[그림 32] 기획팀 SKMS 활용 현황 결과

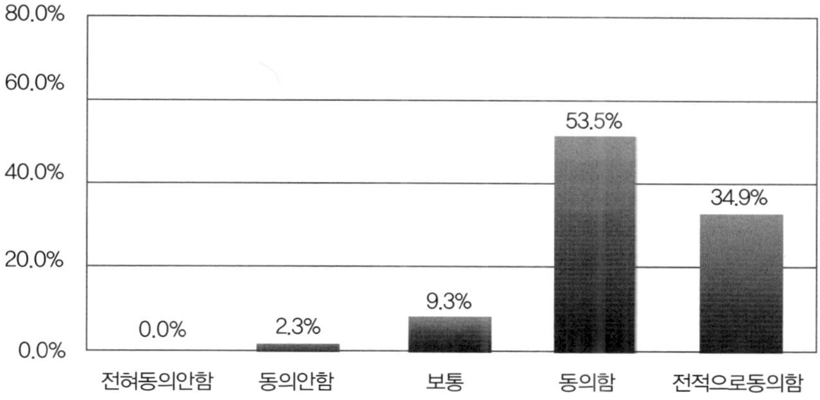

인사/재무/R&D팀의 경우, SKMS 활용이 대하여 긍정적인 응답 '동의함'이 46.2%로 매우 높게 나타났으며, '전적으로 동의함'은 53.8%로 역시 매우 높게 나타났는데, 긍정적인 응답을 합할 경우 100%인 점이 이채롭다. 이는 인사/재무/R&D 분야에 대한 SKMS의 지식 내재화가 충실하고, 이들 분야에서 SKMS가 가장 폭넓게 활용되고 있는 현상을 반영하는 것

이라고 해석할 수 있을 것이다. 이러한 해석은 기획 기능과 비교할 경우, '전적으로 동의함'에 대한 응답 비율이 18.9% 포인트 높게 나타난 것에 비추어볼 때 타당성이 있는 것으로 판단된다.

[그림 33] 인사/재무/R&D팀 SKMS 활용 현황 결과

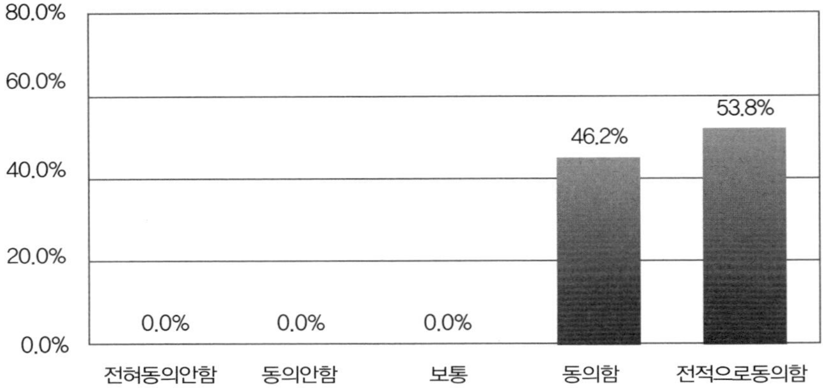

생산/구매팀의 경우, SKMS 활용에 대하여 긍정적인 응답 '동의함'이 47.7%로 매우 높게 나타났으며, '전적으로 동의함'은 50%로 나타났는데, 이는 인사/재무/R&D 기능의 경우와 유사하다.

[그림 34] 생산/구매팀 SKMS 활용 현황 결과

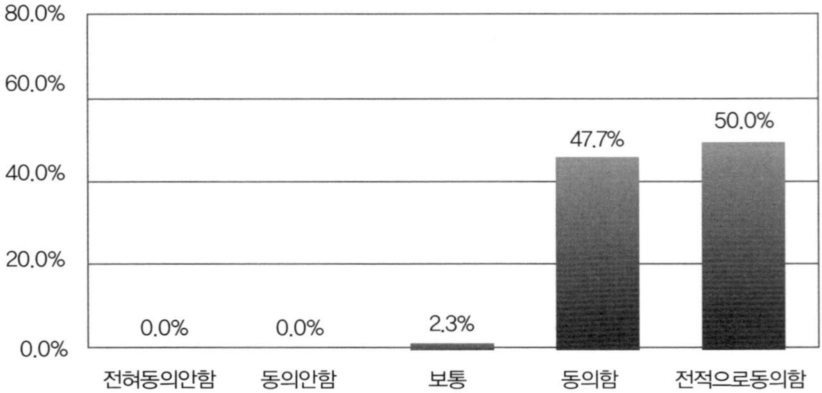

판매/마케팅팀의 경우, SKMS 활용에 대하여 긍정적인 응답, 즉 '동의함'이 54.7%로 매우 높게 나타났으며, '전적으로 동의함'은 39.5%로 나타났다. 인사/재무/R&D 기능 및 생산/구매 기능과 비교할 경우, 전체적인 긍정적 인식이 약간 떨어지고, 전적으로 동의함의 비율은 현저히 낮은 것을 알 수 있다. 이러한 결과 역시, SKMS의 지식체계가 판매 및 마케팅 기능에 대한 부분을 정확하게 표현하지 못하거나 아주 잘 활용될 수 있을 정도로 체계화되어 있지 못함을 나타낸다.

[그림 35] 판매/마케팅팀 SKMS 활용 현황 결과

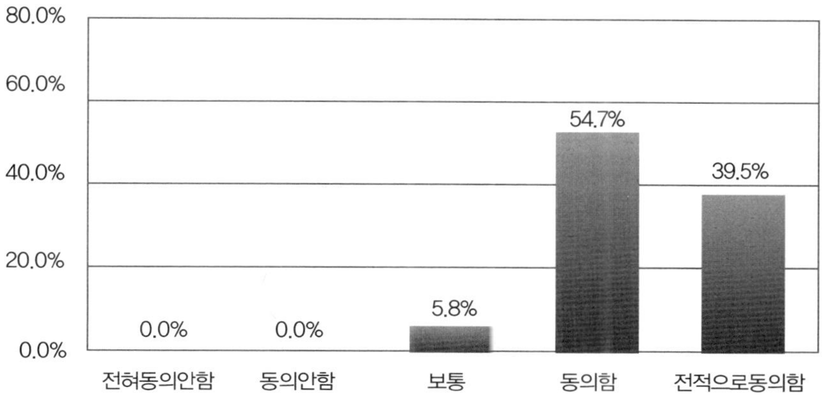

7. 종업원의 조직에 대한 애착

종업원의 조직에 대한 애착은 팀 구성원들이 얼마나 조직에 대해 소속감과 애착을 가지고 있는지를 평가하는 것으로, 종업들의 조직에 대한 애착이 SKMS의 사용과 관계를 가지고 있을 것으로 추정된다. 이러한 측면에서 종업들의 조직에 대한 애착 정도를 분석하는 것은 매우 중요하다고 할 수 있다. 이 조사에서는 [표 7]의 세 개 항목으로 종업들의 조직에 대한 애착을 조사하였다.

[표 7] 종업원의 조직에 대한 애착 측정 항목

항목	조직에 대한 애착(역코딩)
1	우리 팀원들은 회사에서 '가족의 일원'이라는 감정을 느끼지 못하고 있다.
2	우리 팀원들은 회사에 강한 소속감을 느끼지 못한다.
3	우리 팀원들은 회사에 대해 '애착'을 느끼지 못한다.

1) 전반적인 조직에 대한 충성도

종업원의 조직에 대한 애착에 대해 조사한 결과, 자신의 팀에 대해 애착을 가지고 있다고 긍정적으로 응답한 경우가 전체 응답의 약 96%('동의함'이 32.5%, '전적으로 동의함'이 62.3%)로 나타났다. 이 결과는 다른 조건과 상관없이 SK그룹의 조직구성원들은 조직에 대해 강한 애착을 가지고 있다는 것을 말한다.

[그림 36] 종업원의 조직에 대한 애착 현황 결과

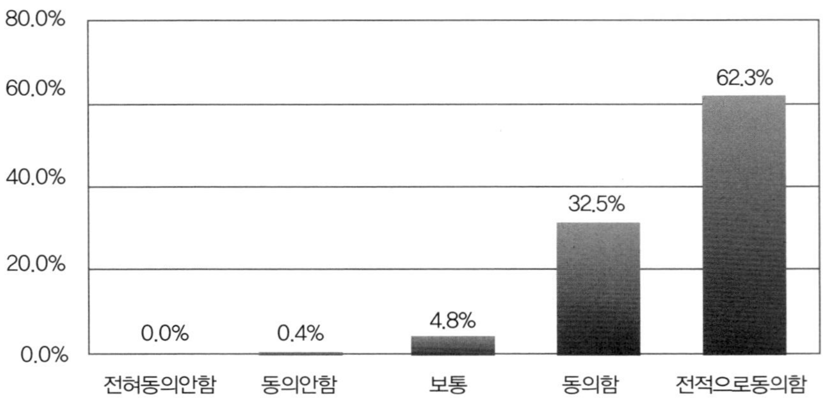

2) SKMS와의 친숙도에 따른 충성도

조직에 대한 충성도를 SKMS에 대한 친숙도에 따라 살펴보았는데 이는 SKMS가 조직을 보는 창 또는 세계를 보는 기본적인 마인드셋을 제공한다는 측면에서 SKMS와 친숙한 경우와 그렇지 않은 경우, 조직에 대한 충성도가 달라질 것이라는 예측에서이다. 실제로 친숙하다는 응답자와 그렇지 않다는 응답자 간에는 충성도에 대한 인식의 정도가 다른 것으로 나타났다.

SKMS에 친숙하다고 느끼는 응답자의 경우, 조직에 대한 애착에 대해 긍정적인 응답은 전체 응답의 약 95%('동의함' 30.9%, '전적으로 동의함' 64.7%), 조직에 대한 애착에 대해 '보통 이하'의 인식을 보이는 응답은 약 4.3%로, 비친숙한 경우에 비해 훨씬 긍정적인 결과를 보이고 있다. 특히, '전적으로 동의함'에 대한 응답이 64.7%로 SKMS에 친숙하지 않다는 조직구성원의 41.7%보다 무려 23% 포인트 높은 점은 주의 깊게 살펴야 할 부분이다. 이러한 결과는 SKMS에 대한 친숙도가 결국 종업원들의 조직에 대한 충성도와 밀접한 관계를 갖고 있다는 것을 나타낸다.

[그림 37] SKMS에 친숙한 경우, 종업원의 조직에 대한 애착 현황 결과

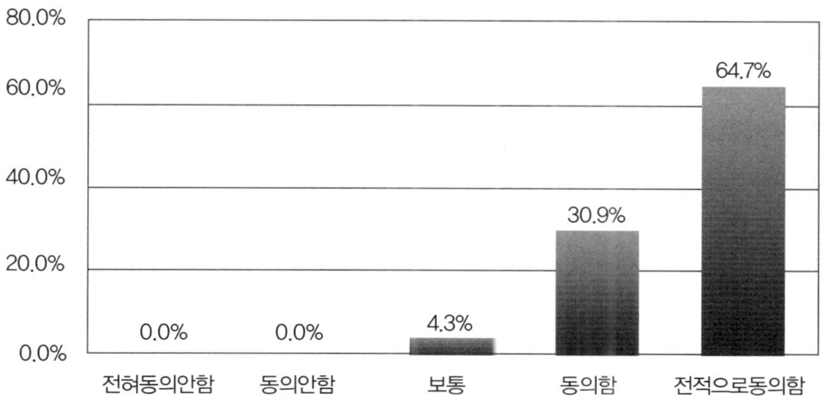

SKMS에 친숙하지 않다고 느끼는 응답자의 경우, 조직에 대한 애착에 대해 긍정적인 응답은 전체 응답의 약 87%('동의함' 45.8%, '전적으로 동의함' 41.7%), 조직에 대한 애착에 대해 '보통 이하'의 인식을 보이는 응답은 약 12.5%로 나타났다. 앞서 언급된 대로, SKMS와 친숙한 경우에 비해 '동의함'은 약 15% 포인트가 높으나 절대적 충성도를 나타내는 '전적으로 동의함'에 대한 응답이 20% 이상 낮아, SKMS와 친숙하지 않은 경우, 조직구성원의 충성도가 상당히 낮아지는 것으로 볼 수 있다.

[그림 38] SKMS에 비친숙한 경우, 종업원의 조직에 대한 애착 현황 결과

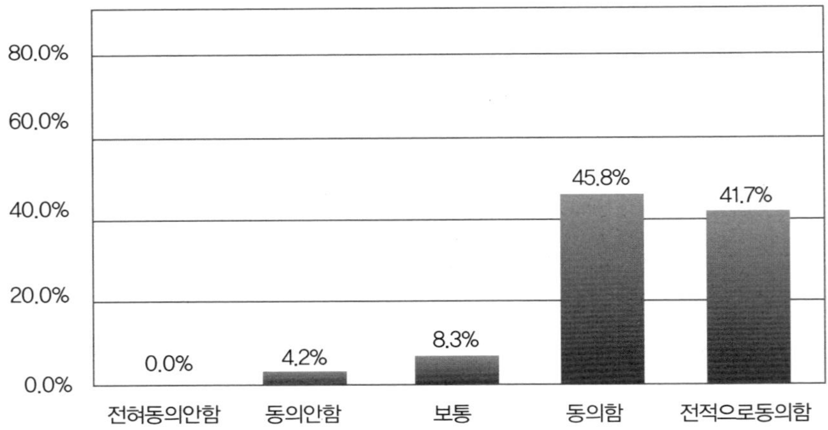

3) SKMS 관련 업무시간에 따른 충성도

SKMS 관련 업무시간이 많은 경우와 그렇지 않은 경우 또한 SKMS 친숙도와 마찬가지로 조직구성원들의 충성도가 달라질 것으로 예상된다. 따라서 이 조사에서는 SKMS 관련하여 수행하는 업무시간을 2시간 이하, 3~5시간, 6~8시간, 그리고 9시간 이상으로 구분하여 살펴보았다.

먼저 SKMS 관련 업무시간이 주당 2시간 이하인 경우, 조직원의 충성

도에 대한 긍정적인 응답, '전적으로 동의함'은 47.1%, '동의함'은 42.9%로 나타나, 대부분의 응답자가 조직에 대한 애착을 가지고 있다는 것을 알 수 있다. '보통 이하'라는 응답은 10%로 SKMS 관련 업무시간이 주당 3시간 이상인 응답자에 비하여 비교적 높은 수치를 보이고 있는데, 이러한 결과는 SKMS 관련 업무시간이 낮을수록, 조직에 대한 애착, 충성도가 조금 낮아진다는 것을 의미한다. 특히, SKMS 관련 업무시간이 높은 구성원에 비하여 '전적으로 동의함'에 대한 응답이 현저히 낮은 것을 눈여겨볼 필요가 있다.

[그림 39] SKMS 관련 업무시간 2시간 이하인 경우, 조직에 대한 애착 현황 결과

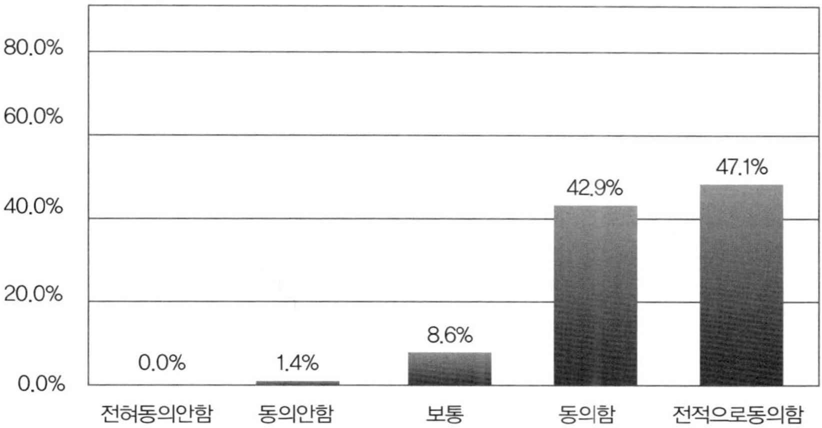

SKMS 관련 업무시간이 주당 3~5시간인 경우, 조직원의 충성도에 대한 긍정적인 응답, 즉 '전적으로 동의함'은 64.9%, '동의함'은 32%로, 96.9%가 조직에 대한 애착을 보고하고 있다. 특히, SKMS 관련 업무시간이 주당 2시간 이하인 경우와 비교할 때, '전적으로 동의함'이 매우 높은 수치를 보인다.

[그림 40] SKMS 관련 업무시간 3~5시간인 경우, 조직에 대한 애착 현황 결과

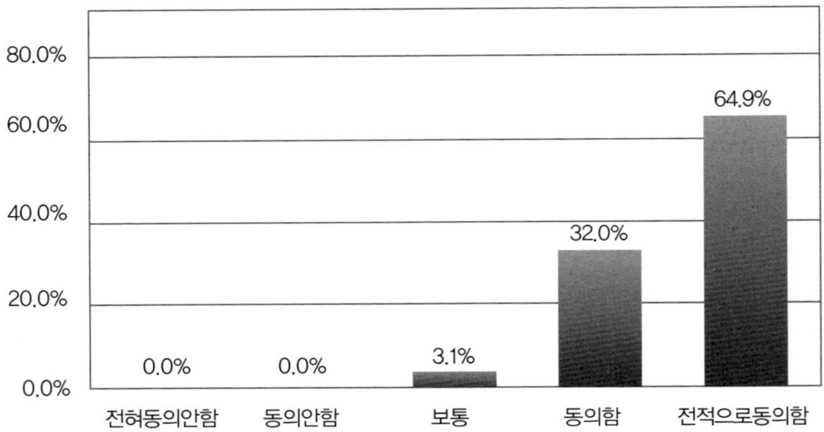

SKMS 관련 업무시간이 주당 6~8시간인 경우, 조직원의 충성도에 대한 긍정적인 응답, 즉 '전적으로 동의함'은 80%, '동의함'은 20%로, 해당 종업원 전원이 조직에 대한 애착이 강하다고 보고하고 있다. 특히, '전적으로 동의함'에 대한 응답이 SKMS 관련 업무시간이 주당 2시간 이하인 경우, 그리고 3~5시간인 경우와 비교할 때, 각각 33% 포인트, 그리고 15% 포인트가 높다는 점에 유의할 필요가 있다. 이러한 결과는 SKMS 관련 업무시간이 주당 6~8시간인 경우, 조직구성원들이 조직의 특성, 미래 비전 등에 대한 공감대를 형성하여 조직에 대한 애착이 급속도로 높아진다고 볼 수 있다.

[그림 41] SKMS 관련 업무시간 6~8시간인 경우, 조직에 대한 애착 현황 결과

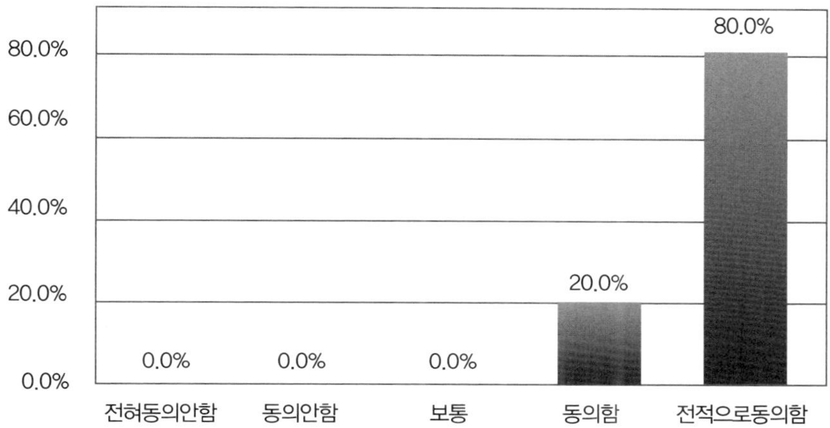

반면, SKMS 관련 업무시간이 주당 9시간 이상인 경우, 조직원의 충성도에 대한 긍정적인 응답이 95.4%('동의함' 22.7%, '전적으로 동의함' 72.7%)로, SKMS 관련 업무시간이 5시간 이하인 응답자와 비교했을 때는 높으나, SKMS 관련 업무시간이 6~8시간인 응답자와 비교했을 때는 낮은 수치를 보이고 있다. 또한 '보통'이라는 응답이 4.5%로 증가하는 것으로 나타났는데, 이는 심각하지는 않지만, SKMS 관련 업무시간이 주당 9시간을 넘어가는 경우, 구성원들의 조직에 대한 충성도가 약간 하락한다고 말할 수 있다. 이러한 결과는 SKMS가 실제 업무에 사용되는 것보다 과도하게 자신의 업무 영역을 침해한다고 느낄 가능성이나, SKMS 자체에 대한 신뢰가 하향 조정되는 측면이 있을 가능성이 있을 것으로 보인다.

[그림 42] SKMS 관련 업무시간 9시간 이상인 경우, 조직에 대한 애착 현황 결과

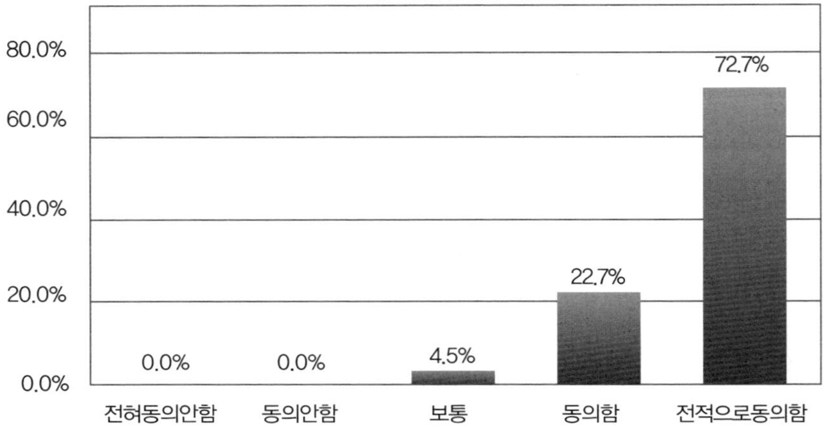

4) SKMS 사용 연수에 따른 충성도

SKMS의 사용 연수가 오래된 경우와 그렇지 않은 경우 또한 SKMS 관련 업무시간과 마찬가지로 조직에 대한 애착의 정도에 차이가 있을 것으로 예상된다. 따라서 이 조사에서는 대상자들이 팀장 이상인 점을 고려하여, SKMS를 사용해온 연수를 5년 이하, 6~10년, 11~15년, 16~20년, 그리고 20년 이상으로 구분하고 이에 따른 조직에의 충성도를 살펴보았다.

SKMS 사용 연수가 5년 이하인 경우, 조직 충성도에 대하여 긍정적인 응답인 '동의함'이 36.4%로 높게 나타났으며, '전적으로 동의함'은 59.1%로 역시 높게 나타났다. 이는 6~10년의 근무경력을 가진 구성원들의 '전적으로 동의함' 비중이 47.4%로 낮아짐과 대비해볼 때 상당히 높은 수치로 5년 이하의 구성원에 대한 교육의 중요성을 나타낸다고 볼 수 있다. 이러한 결과는 조직에 새로 참여한 구성원들의 경우에 누구나 SKMS에 대한 밀도 높은 교육을 받게 되는데, 이러한 교육이 SKMS를 활용하는 데

도움을 주고 조직에 대한 충성도를 높이는 데 많은 기여를 하는 것으로 보인다.

[그림 43] SKMS 사용 연수 5년 이하인 경우, 조직에 대한 애착 현황 결과

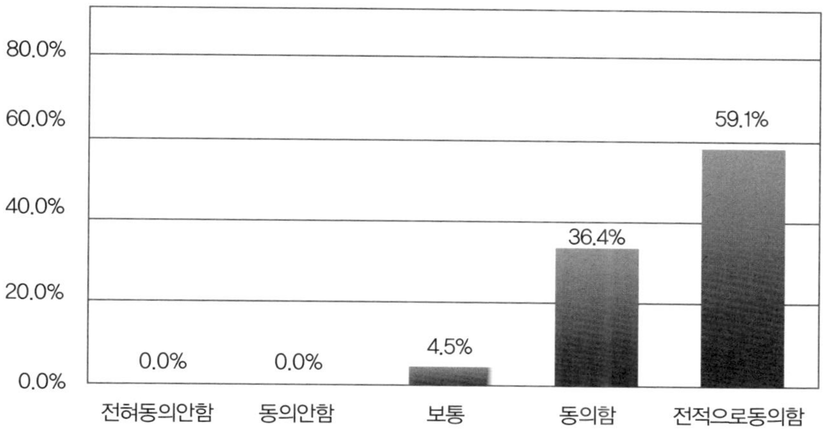

SKMS 사용 연수가 6~10년인 경우, 조직 충성도에 대하여 긍정적인 응답인 '동의함'이 42.1%, '전적으로 동의함'이 47.4%로 전체적으로는 높은 수치를 나타내고 있다. SKMS 사용 연수가 5년 이하인 경우와 좀 더 자세히 비교해보면, '보통'이라는 응답이 6% 포인트 높아졌고, '전적으로 동의함'이라는 응답은 약 12% 포인트 낮아졌지만, '동의함'이라는 응답은 약 6% 정도 높아졌음을 알 수 있다. 여기서 특히 문제가 되는 것은 충성도가 아주 높은 것으로 판단되는 '전적으로 동의함'에 대한 응답이 59.1%에서 47.4%로 약 12% 포인트 낮아졌다는 것이다. 이러한 현상은 이들 연차가 조직에서 가장 핵심적인 역할을 왕성하게 수행한다는 점을 고려할 때, 사용 연차가 높아질수록 SKMS의 일반적 효용성에 대해서는 공감하나, 자신들이 실제 당면하고 있는 문제에 대한 노다 구체적인 답을 얻지는 못한

다는 문제의식이 생겨나고, 이에 따라 이를 강요하는 듯한 조직에 대한 충성심이 약화되고 있다는 것을 나타내고 있는 것으로 판단된다.

[그림 44] SKMS 사용 연수 6~10년인 경우, 조직에 대한 애착 현황 결과

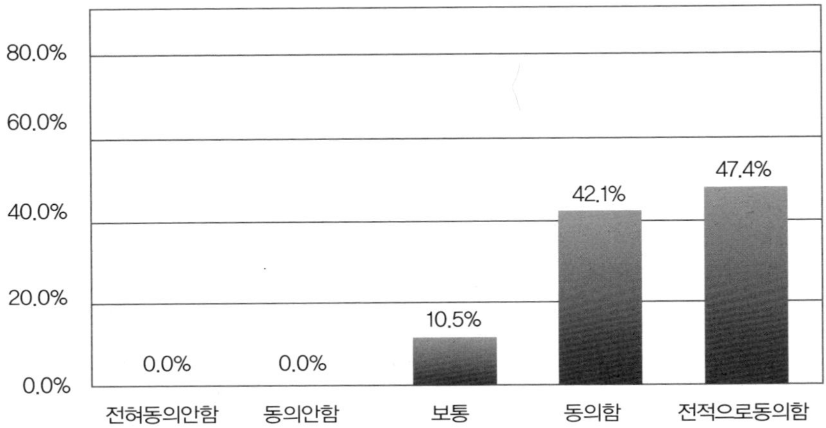

반면, SKMS 사용 연수가 11~15년인 경우, 조직에 대한 애착도에 대하여 긍정적인 응답인 '동의함'이 19.6%, '전적으로 동의함'이 76.1%로 아주 높은 수치를 나타내고 있다. SKMS 사용 연수가 6~10년인 경우와 비교할 때, 높은 충성도를 나타내는 '전적으로 동의함'에 대한 응답이 47.4%에서 76.1%로 28.7% 포인트 높아진 점이 이채롭다.

다시 말해, 사용 연수가 6~10인 경우, 대폭으로 감소했던 '전적으로 동의함'에 대한 응답이 큰 폭으로 증가했다는 것은 사용 연수가 오래됨에 따라 그전에는 이해하지 못했던 SKMS의 지식체계나 유용성을 재발견하고 이에 따라 조직에 대한 충성도가 다시 높아졌음을 의미하는 것으로 해석할 수 있다.

[그림 45] SKMS 사용 연수 11~15년인 경우, 조직에 대한 애착 현황 결과

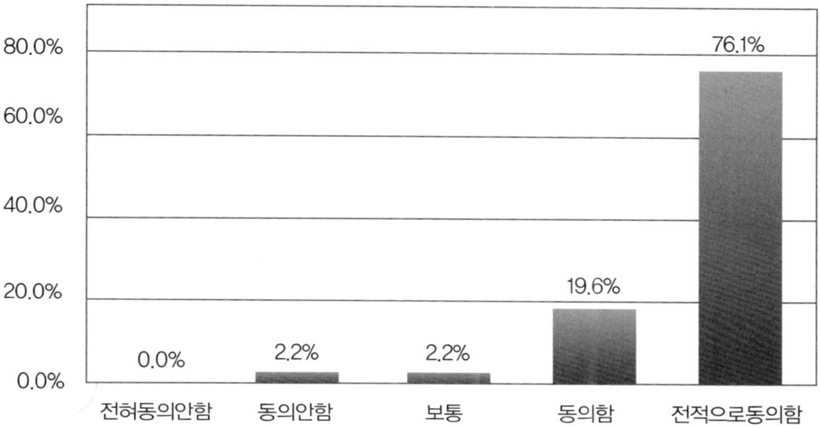

하지만, SKMS 사용 연수가 16~20년인 경우, 조직에 대한 애착도에 대하여 긍정적인 응답인 '동의함'이 35.6% '전적으로 동의함'이 59.6%로 또다시 '전적으로 동의함'에 대한 응답이 16.5% 포인트 감소하고 있다. 이는 앞서 언급되었던 SKMS의 활용 현황과 유사한 패턴으로 분석된다.

SKMS의 활용과 관련하여, SKMS 사용 연수가 16~20년인 경우, SKMS 사용 연수가 11~15년인 경우와 비교할 때, '전적으로 동의함'의 비율이 13% 포인트가 감소하였다고 보고되었다. 이러한 결과는 중간 의사결정자를 벗어나 보다 전략적 의사결정을 할 수 있는 위치에 있는 그룹에서 SKMS의 활용에 대하여 전적으로 동의하기 어려운 부분들이 발견되고 있다는 것을 의미하는 것으로 해석한 바 있다. 이러한 현상들이 조직에 대한 충성도에도 영향을 미치지 않았을까 하는 추정이 가능해진다.

[그림 46] SKMS 사용 연수 16~20년인 경우, 조직에 대한 애착 현황 결과

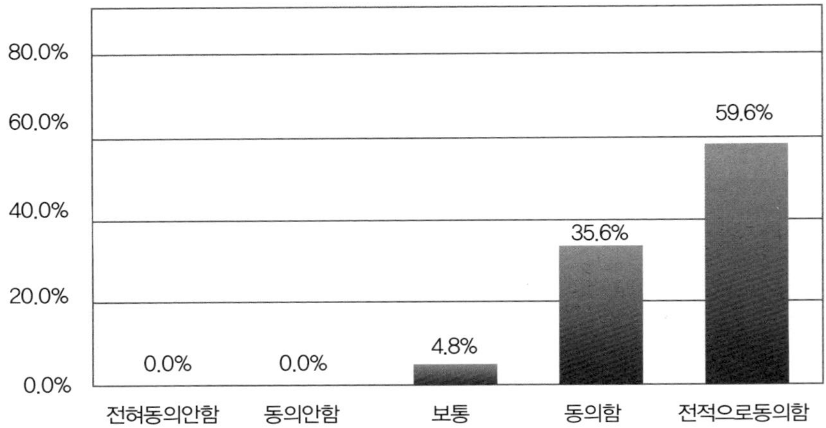

SKMS 사용 연수가 20년 이상인 경우, 조직에 대한 애착도에 대하여 긍정적인 응답인 '동의함'이 23.8%, '전적으로 동의함'이 76.2%로 100%의 긍정적인 반응을 나타내고 있다. 이 경우는 SKMS를 20년 이상 사용한 조직구성원들의 경우 조직운용에 있어서 SKMS의 효용성을 확실하게 인지하고 있으면서, 조직에 대한 충성도다 매우 높다는 것을 의미한다.

[그림 47] SKMS 사용 연수 21년 이상인 경우, 조직에 대한 애착 현황 결과

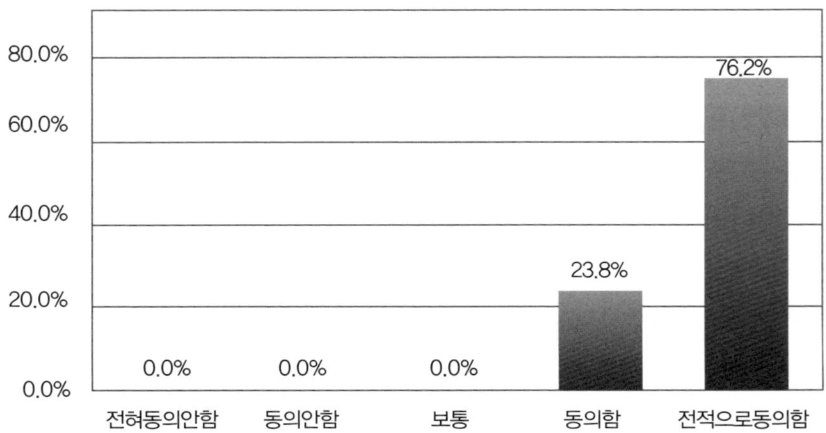

5) 조직 기능에 따른 충성도

SKMS는 SK그룹이 가지고 있는 지식을 체계화한 지식 플랫폼으로서 각종 지식이 조직 내에서 다양하게 활용될 수 있도록 지원하는 역할을 수행한다. 하지만 SKMS가 축적하고 체계화해온 지식은 조직 기능별로 차이가 있을 것이고, 이러한 차이가 조직 기능별 SKMS의 활용에 영향을 미치며, 또한 조직구성원들의 충성도에도 영향을 미칠 것으로 판단된다. 따라서 이 조사에서는 조직 기능을 기획, 인사/재무/R&D, 생산/구매, 판매/마케팅, 그리고 기타의 다섯 가지로 구분하고 이에 따른 조직 충성도를 살펴보았다.

조직 기능별로 조직에 대한 애착도를 살펴본 결과, 기획팀의 경우, 조직에 대한 애착도에 대하여 긍정적인 응답인 '동의함'이 37.2%, '전적으로 동의함'이 55.8%로 나타났다. '보통'이라는 응답은 4.7%, '동의 안 함'이라는 응답은 2.3%로 약 7%의 응답자가 조직에 대한 애착도가 떨어진다고 응답하였다. 기획팀의 경우, '전적으로 동의함'에 대한 응답이 다른 기능에 비해 상대적으로 낮았다. 또한 기획팀의 경우, 다른 기능들과 비교할 경우, 유일하게 '동의 안 함'에 대한 응답이 2.3%가 있었다. 이는 기획 기능을 수행하고 있는 조직구성원들에게 SKMS 관련 업무가 지나치게 많거나, SKMS가 기획을 수행하는 데 구체적인 방법론을 제공하지 못함에도 불구하고 기획서를 SKMS의 틀에 맞추어 작성해야 하는 어려움 때문에 발생한 문제일 수도 있다. 따라서 보다 정밀한 분석이 필요할 것으로 판단된다.

[그림 48] 기획팀의 조직에 대한 애착 현황 결과

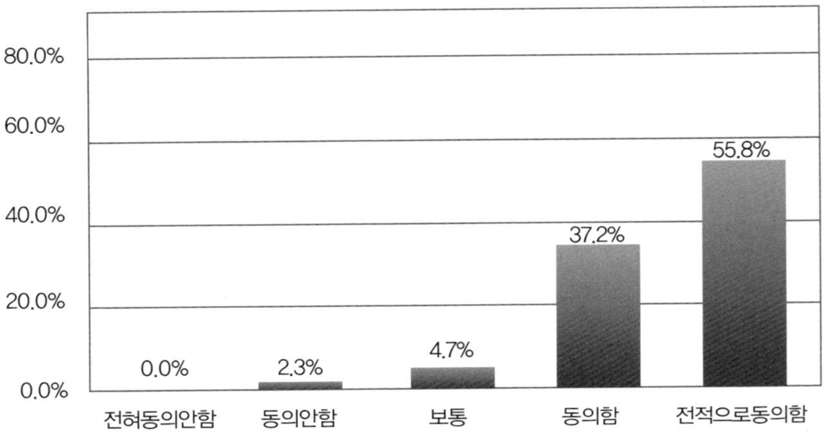

인사/재무/R&D팀의 경우, 조직에 대한 애착도에 대하여 긍정적인 응답인 '동의함'이 26.9%, '전적으로 동의함'이 65.4%로 대부분이 조직에 강한 애착을 가지고 있는 것으로 나타났다. 하지만, 인사/재무/R&D팀의 경우, 다른 기능부서들에서 보다, '보통'이라는 응답이 7.7%로 상당히 높게 나타났다.

[그림 49] 인사/재무/R&D팀의 조직에 대한 애착 현황 결과

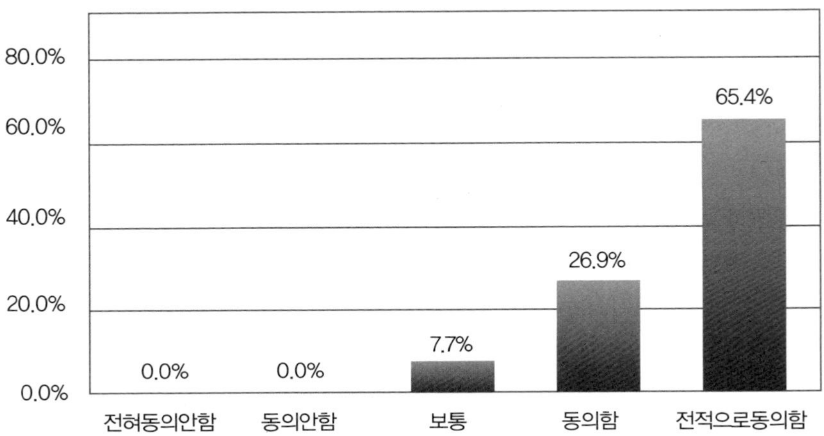

생산/구매팀의 경우, 조직에 대한 애착도에 대하여 긍정적인 응답인 '동의함'이 29.5%, '전적으로 동의함'이 65.9%로 높은 수치를 나타냈다. 특히 오차범위 내지만, '전적으로 동의함'에 대한 응답이 다른 기능부서에 비해 가장 높게 나타나, 조직에 대한 충성도가 가장 높을 것으로 추정된다.

[그림 50] 생산/구매팀의 조직에 대한 애착 현황 결과

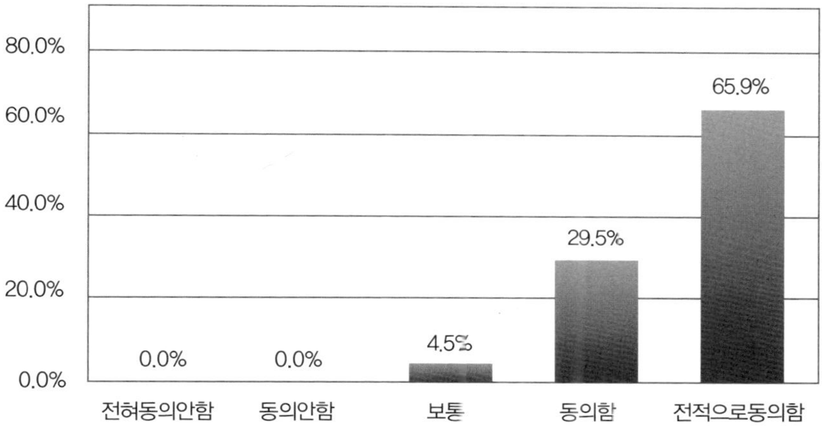

판매/마케팅팀의 경우, 조직에 대한 애착도에 대하여 긍정적인 응답인 '동의함'이 30.2%, '전적으로 동의함'이 65.1%로 높은 수치를 나타냈다.

[그림 51] 판매/마케팅팀에 대한 애착 현황 결과

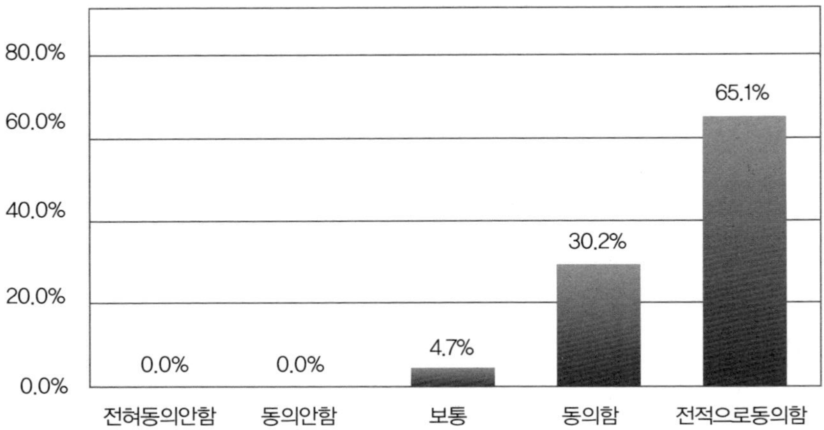

기타 팀은 앞서 언급된, 기획, 인사/재무/R&D팀, 생산/구매팀, 그리고 판매/마케팅팀을 제외한 모든 기능 부서들을 포괄한다. 기타 팀의 경우, 조직에 대한 애착도에 대하여 긍정적인 응답인 '동의함'이 40.7%, '전적으로 동의함'이 55.6%로 높은 수치를 나타냈다.

[그림 52] 기타 팀의 조직에 대한 애착 현황 결과

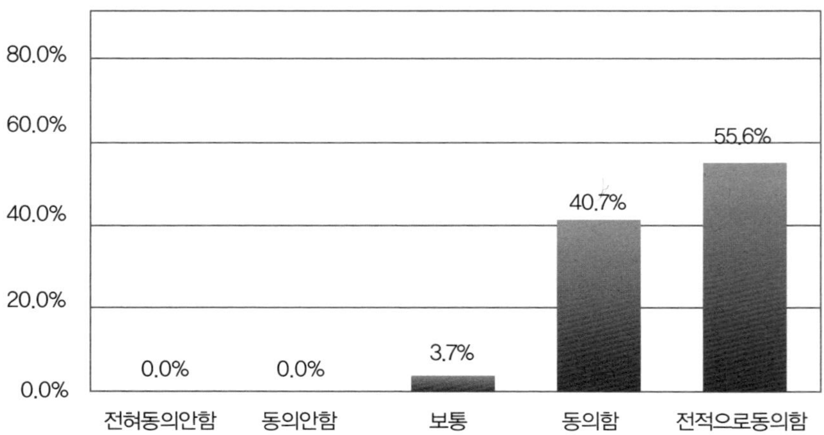

8. 팀 성과에 대한 인식

팀 성과는 팀 내 조직구성원들이 인지하는 SKMS의 활용을 통한 업무수행 성과에 대한 인식에 대하여 측정한 것이다. 여기서는 이에 대한 인식을 전반적인 인식, SKMS와의 친숙도에 따른 인식, SKMS 관련 업무시간에 따른 인식, SKMS 사용 연수, 그리고 조직 기능에 따른 인식 등으로 구분하여 살펴본다. 이번 조사에서는 SKMS를 활용함으로써 조직의 생산성이나 업무 만족도, 그리고 업무수행 품질이 어떻게 달라지는가를 알아보고자, [표 8]의 다섯 개 항목으로 측정하였다.

[표 8] 팀 성과 측정 항목

항목	팀 성과
1	우리 팀은 업무 생산성이 높다.
2	우리 팀은 업무수행 품질이 높다.
3	우리 팀원들은 팀에 대한 헌신도가 높다.
4	우리 팀원들은 업무 만족도가 높다.
5	대체로 우리 팀원들은 자신의 일에 만족한다.

1) 전반적인 팀 성과에 대한 인식

팀 성과에 대한 응답을 분석한 결과, 팀의 성과가 높다고 긍정적으로 인식하고 있는 응답, 즉 '동의함'이 50.2%, '전적으로 동의함'이 45%로 전체 응답의 약 95%가 팀 성과에 대해 긍정적으로 응답한 것으로 나타났다. 즉, SKMS를 활용한 결과, SK그룹의 조직구성원들은, 자신들의 업무 생산성이 높아졌고, 업무수행 품질이 높으며, 업무 만족도가 높다고 인식한다는 것을 알 수 있다. 또한 조직구성원들은 자신의 조직구성원들이 팀에 대해 헌신적으로 활동한다고 인지하고 있는 것으로 나타났다. 물론 이러한 긍정적인 결과들이 모두 SKMS의 활용을 통해서만 얻어진 것은 아니겠지만, SKMS의 적극적인 활용이 SK그룹의 각 조직에 상당히 긍정적인 영향을 미치고 있는 것만은 확실해 보인다.

[그림 53] SKMS 활용 시 팀 성과에 대한 인식

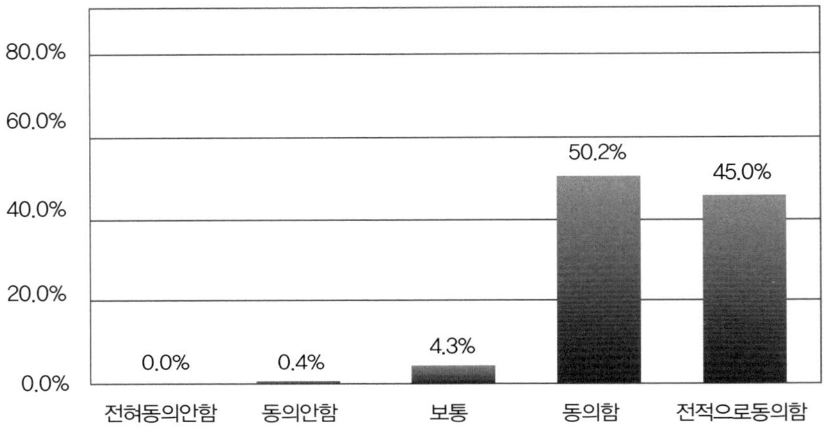

2) SKMS와의 친숙도에 따른 팀 성과에 대한 인식

SKMS의 활용이 팀 성과에 미치는 영향을 자세히 분석하기 위해 먼저 SKMS에 대한 친숙도에 따라 살펴보았는데 이는 친숙한 경우와 그렇지 않은 경우, SKMS가 팀 성과에 미치는 영향에 대한 인식이 다를 것이라는 예측에서이다. 실제로 친숙하다는 응답자와 그렇지 않다는 응답자 간에는 팀 성과에 대한 인식의 정도가 다른 것으로 나타났다.

SKMS에 친숙하다고 느끼는 응답자의 경우, 팀 성과에 대하여 긍정적으로 응답한 비율은 전체 응답의 약 97%, 조직에 대한 애착에 대해 '보통 이하'의 인식을 보이는 응답은 약 3%로, 비친숙한 경우보다 훨씬 성과가 긍정적으로 나타났다. 긍정적으로 응답한 경우, '동의함'이 52.7%, 그리고 '전적으로 동의함'이 44.9%로 나타났는데, 이러한 응답률은 SKMS에 친숙한 경우, 훨씬 더 자신의 조직성과 및 자신의 업무에 만족하고 있다는 것을 의미한다.

[그림 54] SKMS에 친숙한 경우의 팀 성과

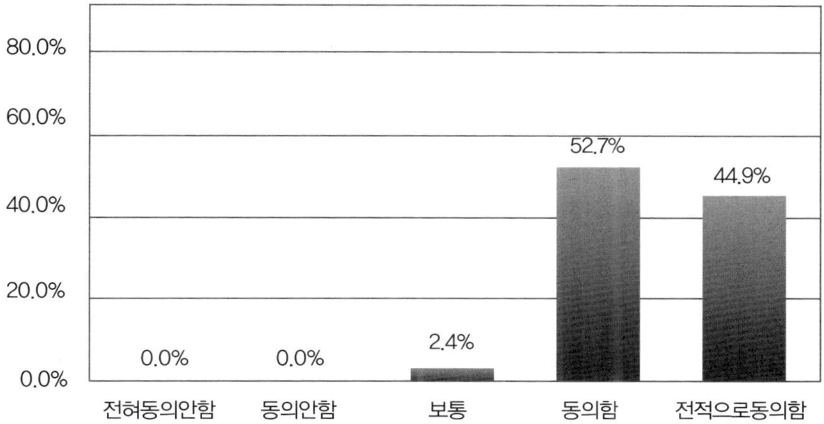

반면, SKMS에 친숙하지 않다고 느끼는 응답자의 경우, 팀 성과에 대하여 긍정적인 응답을 한 비율은 전체 응답의 약 75%, 조직에 대한 애착에 대해 '보통 이하'의 인식을 보이는 응답은 약 25%로 나타났다. 이러한 결과는 SKMS에 대한 친숙 정도가 조직구성원들의 성과에 대한 인식에 많은 영향을 미치고 있다는 것을 말해준다. 여기서 주목해야 할 점은, SKMS에 친숙하지 않다고 느끼는 응답자의 경우에도, '전적으로 동의함'에 응답한 비율이 45.8%로 SKMS에 친숙한 경우보다 높다는 것이다. 따라서 충성도가 높은 구성원들은 친숙도와 상관없이 SKMS의 영향을 평가한다는 것을 알 수 있다.

[그림 55] SKMS에 비친숙한 경우의 팀 성과

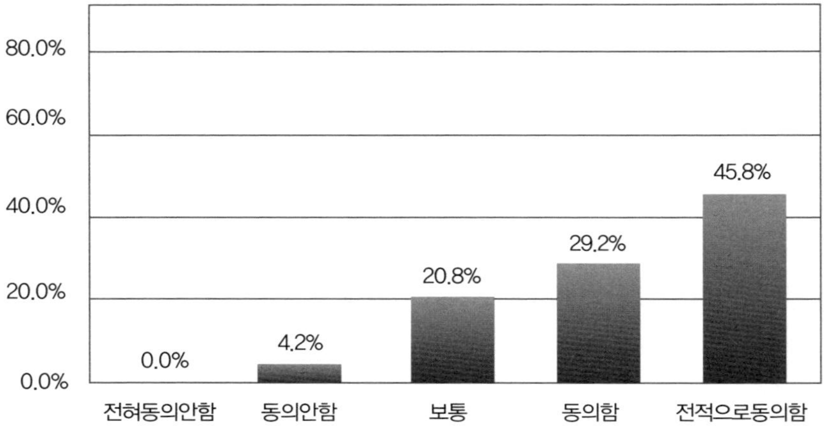

3) SKMS 관련 업무시간에 따른 팀 성과에 대한 인식

SKMS 관련 업무시간이 많은 경우와 그렇지 않은 경우 또한 SKMS 친숙도와 마찬가지로 SKMS의 활용에 따른 팀 성과를 평가하는 데 많은 차이가 있을 것으로 예상된다. 따라서 이 조사에서는 SKMS 관련하여 수행하는 업무시간을 2시간 이하, 3~5시간, 6~8시간, 그리고 9시간 이상으로 구분하여 살펴보았다.

SKMS 관련 업무시간이 주당 2시간 이하인 경우, 팀 성과에 대한 긍정적인 응답, '전적으로 동의함'은 45.7%, '동의함'은 48.6%로 나타나, 대부분의 응답자가 조직의 성과에 대해 긍정적인 인식을 가지고 있는 것으로 나타났다. '보통 이하'라는 응답은 5.7%로 SKMS 관련 업무시간이 주당 3~5시간인 응답자에 비하여 약간 높은 수치를 나타냈다.

[그림 56] SKMS 관련 업무시간 2시간 이하인 경우의 팀 성과

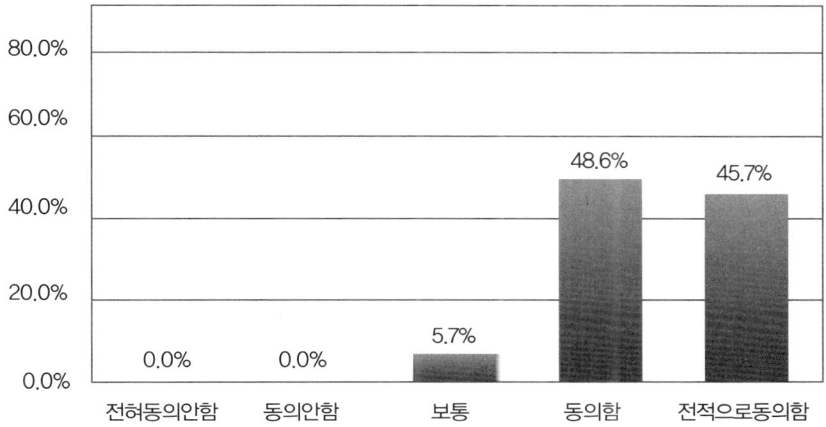

SKMS 관련 업무시간이 주당 3~5시간인 경우, 팀 성과에 대한 긍정적인 응답, 즉 '전적으로 동의함'은 37.1%, '동의함'은 57.7%로 나타나, 대부분의 응답자가 조직의 성과에 대해 긍정적인 인식을 가지고 있는 것으로 나타났다.

하지만, SKMS 관련 업무시간이 주당 2시간 이하인 경우와 비교할 때, '전적으로 동의함'에 대한 응답이 45.7%에서 37.1%로 감소하여, 충성도 면에서는 하락한 것으로 나타났다.

[그림 57] SKMS 관련 업무시간 3~5시간인 경우의 팀 성과

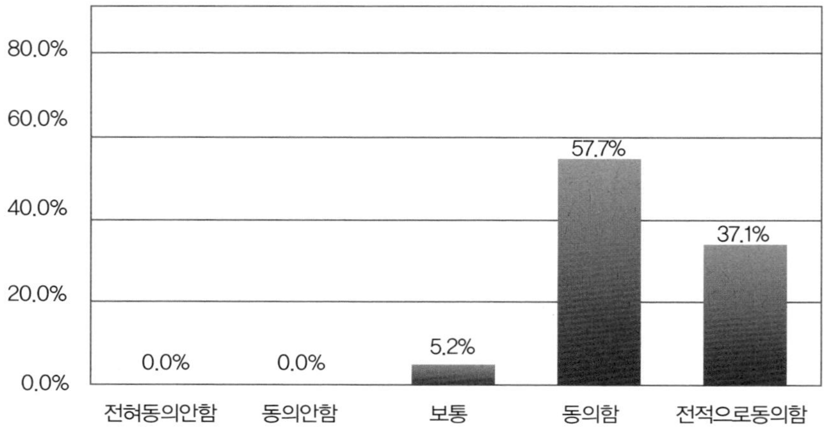

SKMS 관련 업무시간이 주당 6~8시간인 경우, 팀 성과에 대한 긍정적인 응답, 즉 '전적으로 동의함'은 55%, '동의함'은 45%로 나타나, 조직의 성과에 대한 긍정적인 인식이 매우 높게 나타났다. 특히, '전적으로 동의함'은 55%로 나타나 SKMS 관련 업무시간이 주당 6~8시간인 경우에 비해 약 18% 포인트가 높은 것으로 나타났다.

[그림 58] SKMS 관련 업무시간 6~8시간인 경우의 팀 성과

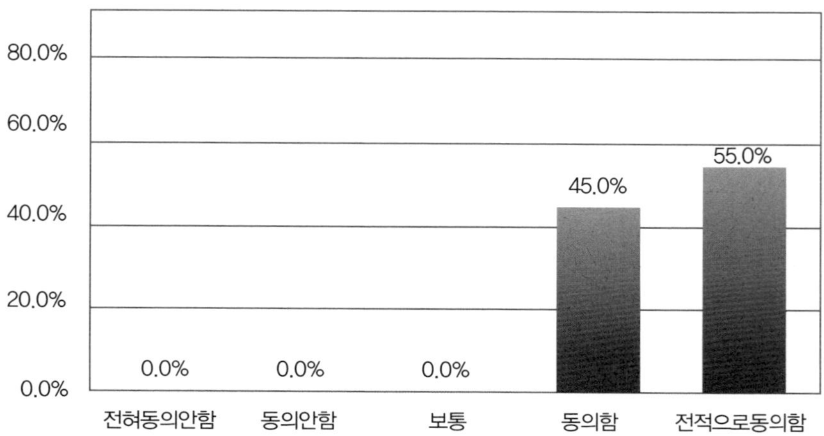

SKMS 관련 업무시간이 주당 9시간 이상인 경우, 팀 성과에 대한 긍정적인 응답, 즉 '전적으로 동의함'이 56.8%, '동의함'이 38.6%로, SKMS 활용에 따른 성과에 대한 긍정적인 인식이 매우 높은 것으로 나타났다. 주당 8시간 이하인 응답자와 비교했을 때, 팀 성과에 대한 인식이 비슷한 수준에서 긍정적인 것임을 알 수 있다. 특히, '전적으로 동의함'이 SKMS 관련 업무시간이 주당 3~5시간인 경우 37.1%, 주당 6~8시간인 경우 그리고 9시간 이상인 경우 56.8%로 나타나, SKMS 관련 업무시간이 길어질수록, 즉 SKMS를 업무에 직접 활용하거나, 관련된 일을 많이 할수록 SKMS가 성과에 미치는 영향을 긍정적으로 평가하고 있다는 것을 알 수 있다.

[그림 59] SKMS 관련 업무시간 9시간 이상인 경우의 팀 성과

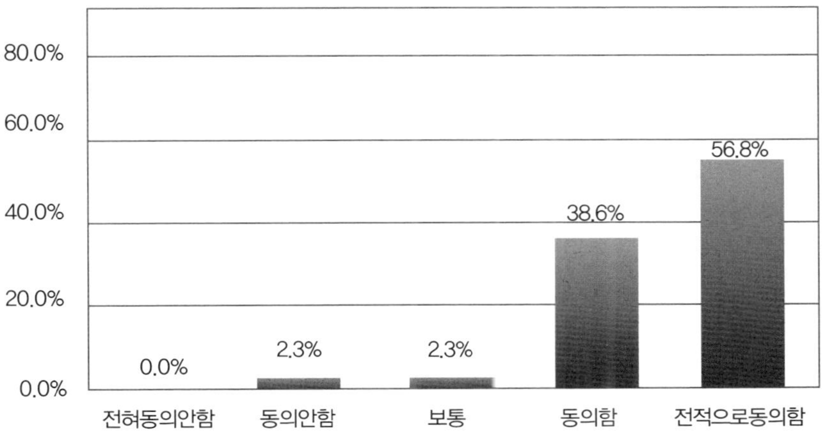

4) SKMS 사용 연수에 따른 팀 성과에 대한 인식

SKMS의 사용 연수가 오래된 경우와 그렇지 않은 경우 또한 SKMS 관련 업무시간과 마찬가지로 SKMS 활용에 따른 조직의 성과에 대한 인식

에 차이가 있을 것으로 예상된다. 따라서 이 조사에서는 대상자들이 팀장 이상인 점을 고려하여, SKMS를 사용해온 연수를 5년 이하, 6~10년, 11~15년, 16~20년, 그리고 20년 이상으로 구분하고 이에 따른 업무성과에 대한 인식을 살펴보았다.

SKMS 사용 연수가 5년 이하인 경우, 팀 성과에 대하여 긍정적인 응답인 '동의함'이 50%로 높게 나타났으며, '전적으로 동의함'은 45.5%로 역시 높게 나타났다. '동의 안 함'이라는 응답은 4.5%로, SKMS 사용 연수가 높은 집단과 비교했을 때, 유일하게 SKMS의 활용에 따른 성과에 부정적인 응답을 하고 있는 점이 눈에 띈다. 이는 SKMS 사용 연수가 낮을 경우, SKMS에 대한 이해가 부족하거나, SKMS와 업무성과 간의 관계에 대한 인식이 부족하여 일어나는 현상이라고 볼 수 있다.

[그림 60] SKMS 사용 연수 5년 이하인 경우의 팀 성과

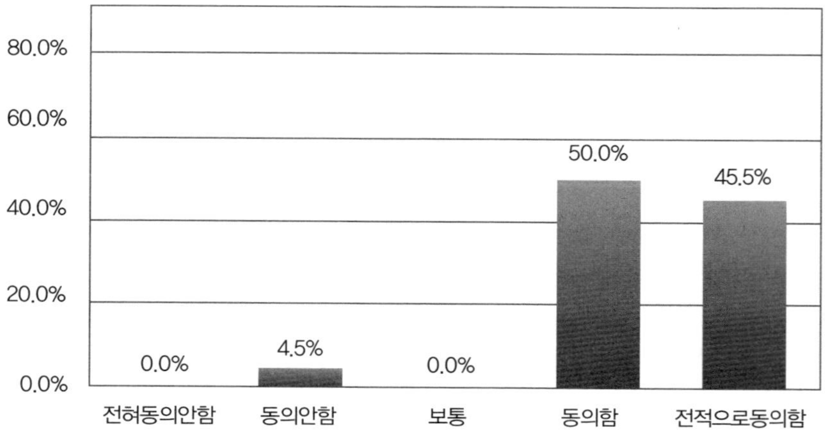

SKMS 사용 연수가 6~10년인 경우, 팀 성과에 대하여 긍정적인 응답인 '동의함'이 52.6%로 높게 나타났으며, '전적으로 동의함'은 44.7%로 역시

높게 나타났다. SKMS 사용 연수가 5년 이하인 경우와 비교하였을 경우, '동의 안 함'에 대한 응답은 없어졌고, '보통'이라는 응답이 약간 증가했으나, 전체적으로 긍정적인 인식이 확산되고 있음을 알 수 있다. 이러한 결과는 사용 연수가 증가함에 따라 SKMS의 효용성에 대한 인식이 달라지고 있음을 나타낸다고 볼 수 있다.

[그림 61] SKMS 사용 연수 6~10년인 경우의 팀 성과

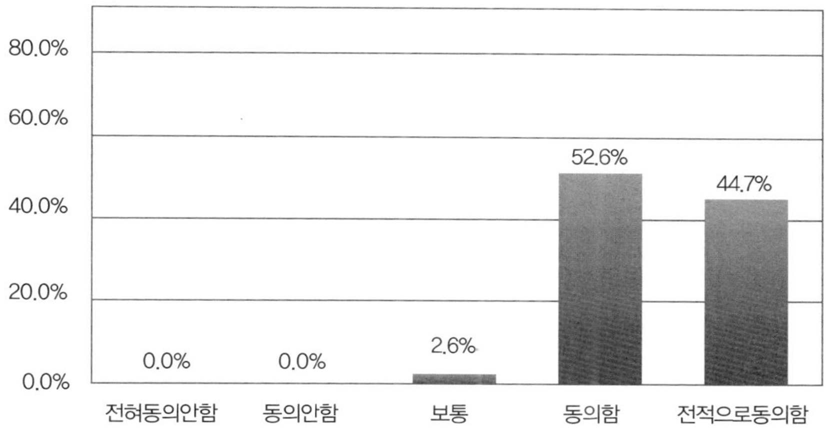

SKMS 사용 연수가 11~15년인 경우, 팀 성과에 대하여 긍정적인 응답인 '동의함'이 43.5%로 높게 나타났으며, '전적으로 동의함'은 50%로 역시 높게 나타났다.

여기에서 주목해야 할 점은 SKMS 사용 연수가 6~10년인 경우와 비교할 때 '전적으로 동의함'이 50%로 증가하였다는 점이다. SKMS 사용 연수가 16년 이상으로 증가할 경우, '전적으로 동의함'이 감소하고 있다는 점을 감안할 경우, SKMS의 사용 연수가 11~15년인 경우가 가장 SKMS에 대한 이해나 애착이 많고 따라서 SKMS가 조직의 성과에 미치는 영향에

대해서도 적극적인 긍정을 표현하고 있다고 보는 것이 타당할 것으로 판단된다.

[그림 62] SKMS 사용 연수 11~15년인 경우의 팀 성과

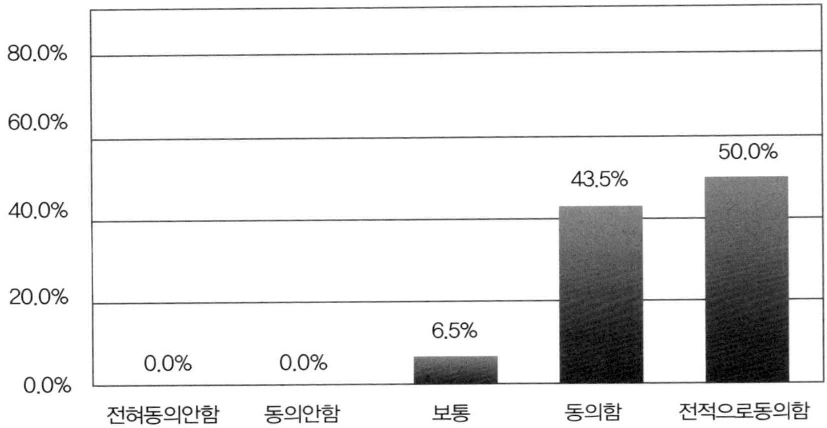

SKMS 사용 연수가 16~20년인 경우, 팀 성과에 대하여 긍정적인 응답인 '동의함'이 50%로 높게 나타났으며, '전적으로 동의함'은 45.2%로 역시 높게 나타났다. 하지만 SKMS 사용 연수가 11~15년인 경우와 비교할 경우, '전적으로 동의함'에 대한 응답 비율이 점차 감소하고 있는 점은 주목해야 할 것으로 보인다.

[그림 63] SKMS 사용 연수 16~20년인 경우의 팀 성과

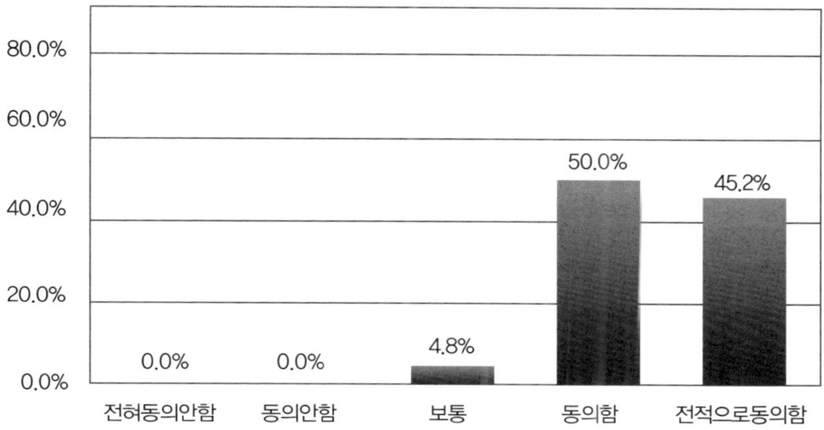

SKMS 사용 연수가 21년 이상인 경우, 팀 성과에 대하여 긍정적인 응답인 '동의함'이 61.9%로 높게 나타났으며, '전적으로 동의함'은 33.3%로 높게 나타났다. 이 경우도 SKMS 사용 연수가 16~20년인 경우처럼, '전적으로 동의함'에 대한 응답 비율이 점차 낮아지고 있으며, SKMS 사용 연수가 16~20년인 경우보다 약 12% 포인트가 낮은 점은 문제점으로 인식되어야 할 것으로 보인다. SKMS 사용 연수가 아주 오래된 계층에서 전적으로 SKMS가 업무성과에 영향을 미친다고 생각하지 않는 것은 SKMS가 피상적으로는 업무와 연결되어 있으나 실제적으로는 그렇지 않다는 것을 상징적으로 표현하고 있다고 볼 수 있기 때문이다.

[그림 64] SKMS 사용 연수 21년 이상인 경우의 팀 성과

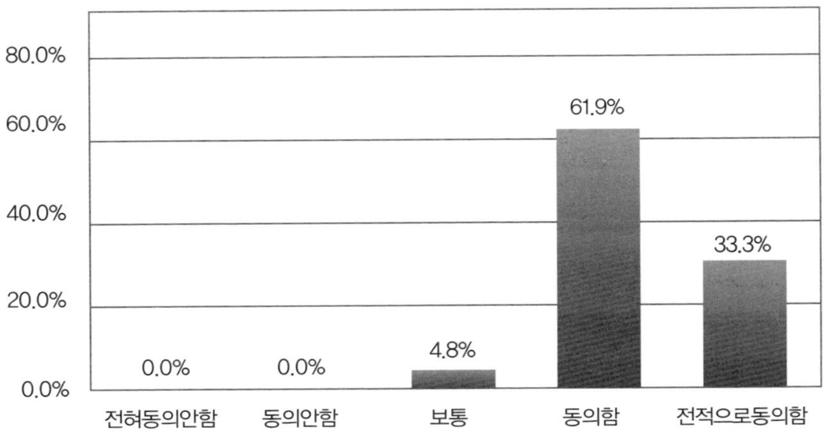

5) 조직 기능에 따른 팀 성과에 대한 인식

SKMS는 SK그룹이 가지고 있는 지식을 체계화한 지식 플랫폼으로서 각종 지식이 조직 내에서 다양하게 활용될 수 있도록 지원하는 역할을 수행한다. 하지만 SKMS가 축적하고 체계화해온 지식은 조직 기능별로 차이가 있을 것이고, 이러한 차이가 조직 기능별 SKMS의 활용에 영향을 미치며, 또한 조직구성원들의 성과에도 차별적인 영향을 미칠 것으로 판단된다. 따라서 이 조사에서는 조직 기능을 기획, 인사/재무/R&D, 생산/구매, 판매/마케팅, 그리고 기타의 다섯 가지로 구분하고 이에 따른 조직 충성도를 살펴보았다.

조직 기능별로 조직에 대한 성과를 살펴본 결과, 기획팀의 경우, 조직에 대한 성과에 대하여 긍정적인 응답인 '동의함'이 53.5%, '전적으로 동의함'이 37.2%로 높은 수치를 나타냈다. '보통'이라는 응답은 7%, '동의 안 함'이라는 응답은 2.3%로 약 9.3%의 응답자가 SKMS가 조직의 성과에

적극적인 공헌을 하지 못하고 있다고 인식하고 있는 것으로 나타났다. 이러한 인식은 앞서 살펴본 SKMS의 활용이나 조직 충성도 조사에서 나타난 바와 유사하다. 즉, 기획팀의 경우, '전적으로 동의함'에 대한 응답이 다른 기능에 비해 상대적으로 낮았고, 다른 기능들과 비교할 경우, 유일하게 '동의 안 함'에 대한 응답이 2.3%가 있었다. 이는 기획 기능을 수행하고 있는 조직구성원들에게 SKMS 관련 업무가 지나치게 많거나, SKMS가 기획을 수행하는 데 구체적인 방법론을 제공하지 못함에도 불구하고 기획서를 SKMS의 틀에 맞추어 작성해야 하는 어려움 때문에 업무성과에 차질을 준다고 생각하여 발생한 문제일 수도 있다. 따라서 보다 정밀한 분석이 필요할 것으로 판단된다.

[그림 65] 기획팀의 성과

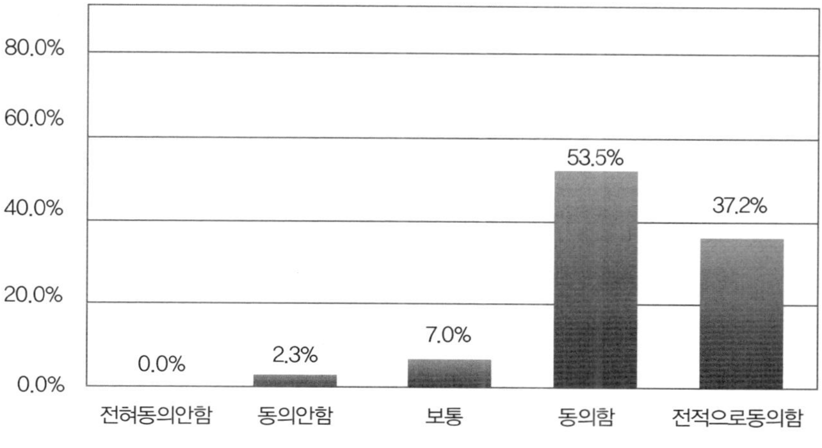

인사/재무/R&D팀의 경우, 조직에 대한 성과에 대하여 긍정적인 응답인 '동의함'이 42.3%, '전적으로 동의함'이 57.7%로 매우 긍정적인 시각을 가지고 SKMS의 영향을 보고 있는 것으로 나타났다. 특히 기획팀에 비

해 '전적으로 동의함'이 20% 포인트 이상 높은 부분은 주목해야 할 것으로 보인다. 즉, 인사/재무/R&D에 대한 SKMS의 내용과 활용성과를 잘 분석하면 기획 기능의 문제점에 대해 보다 명확하게 인식할 수 있을 것으로 판단된다.

[그림 66] 인사/재무/R&D팀의 성과

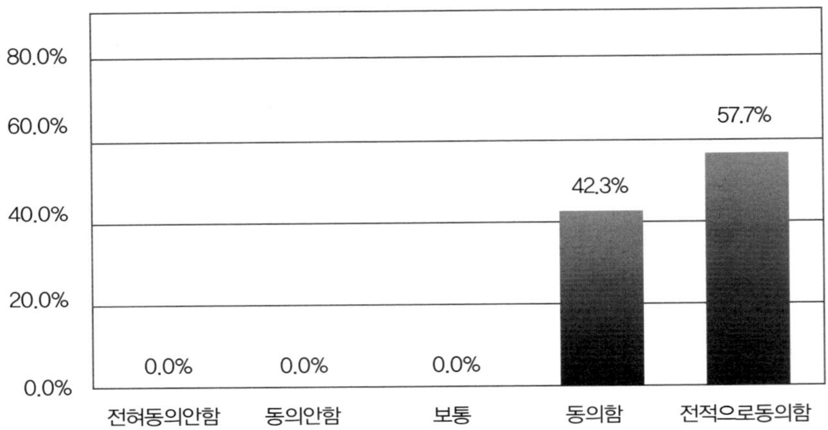

생산/구매팀의 경우, 조직에 대한 성과에 대하여 긍정적인 응답인 '동의함'이 59.1%, '전적으로 동의함'이 38.6%로 SKMS의 활용성과에 대해 높은 긍정을 나타내고 있다. 하지만 인사/재무/R&D에 비해서 낮은 '전적으로 동의함'에 대한 응답은 다시 한 번 고려되어야 할 것으로 보인다.

[그림 67] 생산/구매팀의 성과

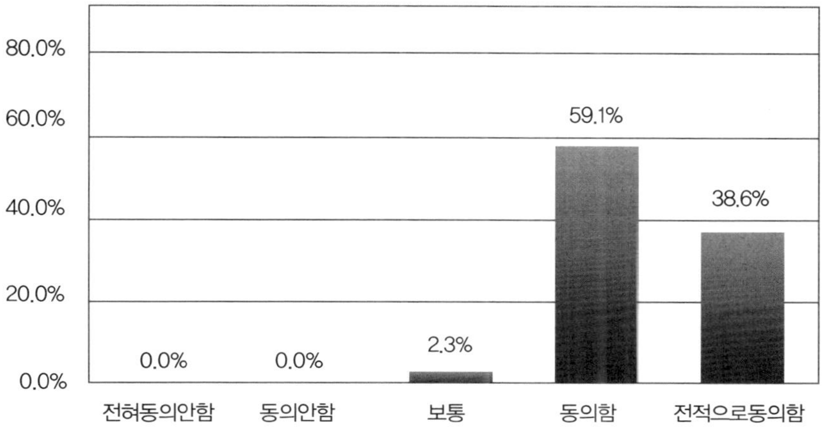

판매/마케팅팀의 경우, 조직에 대한 성과에 대하여 긍정적인 응답인 '동의함'이 45.3%, '전적으로 동의함'이 50%로 전체의 95.3%가 긍정적인 응답을 하고 있는 것으로 나타났다.

[그림 68] 판매/마케팅팀의 성과

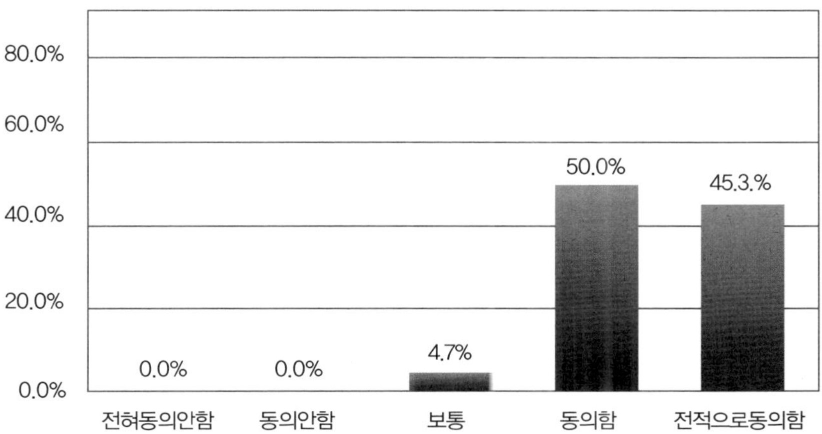

기타 팀은 앞서 언급된, 기획, 인사/재무/R&D팀, 생산/구매팀, 그리고 판매/마케팅팀을 제외한 모든 기능 부서들을 포괄한다. 기타 팀의 경우, 조직에 대한 성과에 대하여 긍정적인 응답인 '동의함'이 33.3%, '전적으로 동의함'이 63%로, 다른 어떤 기능에 비해서도 아주 긍정적인 응답이 많다.

[그림 69] 기타 팀의 성과

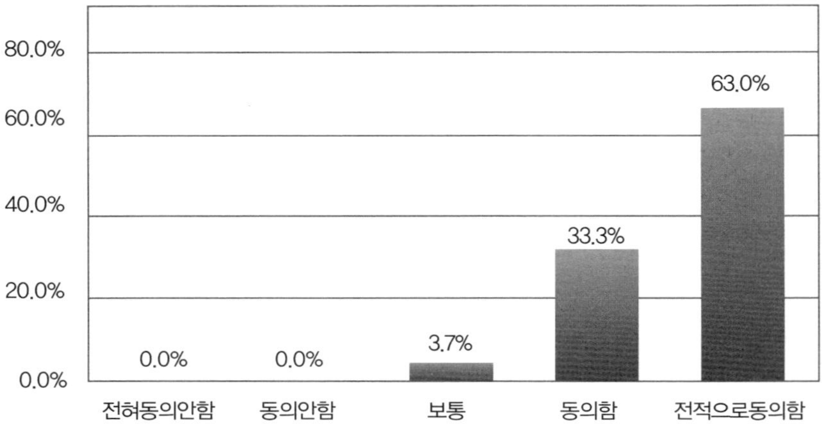

9. 분석 결과 종합

본 장에서는 SK그룹에 있어서의 지식 플랫폼으로 자리해온 SKMS에 대한 조직구성원들의 인식에 대하여 팀장급의 중간관리자들을 대상으로 서베이한 결과를 토대로 자세히 살펴보았다. SKMS의 활용과 관련하여 조사된 조직구성원들의 인식은 경영챔피언십에 대한 인식, SKMS의 지식 내재화에 대한 인식, 팀 내부 환경 및 조직 환경에 대한 인식, 구성원의 조직에 대한 애착 등이다.

전반적으로, SKMS에 대한 친숙도가 높을수록, SKMS와 관련된 업무시간이 길수록, 그리고 SKMS를 사용한 기간이 길수록, SKMS가 조직 내에서 창출된 지식을 보다 많이 내재화하고 있다고 인식하고 있으며, SKMS 활용도에 대해 긍정적으로 평가하고 있고, 조직에 대한 충성도가 높은 것으로 나타났다.

좀 더 구체적으로 살펴보면, SKMS의 지식 내재화에 대한 인식의 경우, SKMS와 관련한 업무시간이 짧을수록 SKMS 자체를 이해하기 어렵고 따라서 지식 체계화 정도에 대해 부정적인 인식을 많이 하며, 업무시간이 늘어날수록 조직구성원들이 SKMS가 내포하고 있는 지식에 대해 보다 많이 인식하게 되고 따라서 보다 긍정적으로 변화하고 있다. 또한 업무시간이 늘어날수록 업무와 SKMS가 내재한 지식에 대해 보다 많이 알게 되어 SKMS가 가지고 있는 업무 관련 지식의 추상성이나 문제점을 보다 잘 인식하게 되었음을 알 수 있다. 마찬가지로, SKMS의 사용 연수가 5년 이하인 경우, 사용 연수가 높은 집단에 비하여 SKMS의 지식 내재화에 대한 부정적인 인식이 상당히 높지만, 사용 연수가 증가하면 시간이 지날수록 충성도는 증가하지만, SKMS가 가지고 있는 문제점 또한 인식해가고 있는 것으로 나타났다.

SKMS의 활용과 관련하여, SKMS 사용 연수가 증가하는 경우, 전반적으로 활용에 대한 긍정적인 인식이 증가하지만, 아주 적극적으로 활용한다는 인식은 오히려 감소하는 경향이 있는 것으로 나타났다. 이는 중간 의사결정자를 벗어나 보다 전략적 의사결정을 할 수 있는 위치에 있는 그룹에서 SKMS의 활용에 대하여 전적으로 동의하기 어려운 부분들이 발견되고 있다는 것을 의미하는 것으로 해석된다. 한편, 조직 기능을 중심으로 SKMS의 활용도를 살펴보면, 전반적으로 기획팀의 경우가 다른 기능에 비해 상대적으로 낮았다. 이는 기획 기능을 수행하고 있는 조직구성원들에게 SKMS 관련 업무가 지나치게 많거나, SKMS가 기획을 수행하는데 구체적인 방법론을 제공하지 못함에도 불구하고 기획서를 SKMS의 틀에 맞추어 작성해야 하는 어려움 때문에 업무성과에 차질을 준다고 생각하여 발생한 문제일 수도 있다. 이러한 현상들은 조직에 대한 충성도와도 관련을 갖고 있는 것으로 나타나 세심한 주의가 필요할 것으로 보인다.

조직에 대한 애착과 관련해서는, SKMS 사용 연수가 증가할수록 조직에 대한 전반적인 애착도는 높아지나, 충성도의 정도가 약해졌다가 다시 높아지는 경향이 있는 것으로 나타났다. 특히 SKMS 사용 연수가 6~10년인 경우 SKMS의 일반적 효용성에 대해서는 공감하나, 자신들이 실제 당면하고 있는 문제에 대한 보다 구체적인 답을 얻지는 못한다는 문제의식이 생겨나고, 이에 따라 이를 강요하는 듯한 조직에 대한 충성심이 약화되고 있다는 것으로 보여 이에 대한 심도 있는 분석이 필요할 것으로 판단된다. SKMS 사용 연수가 20년 이상인 경우는 조직운용에 있어서 SKMS의 효용성을 확실하게 인지하고 있으면서, 조직에 대한 충성도가 매우 높은 것으로 나타났다.

제4장

SKMS 활용에 영향을 미치는 요소 및 그 성과에 대한 분석

앞 장에서 우리는 SKMS의 활용 및 그와 관련된 여러 가지 변수들에 대해 심도 있게 분석해보았다. 4장에서는 이러한 개별요소들을 지식통합 메커니즘으로서의 SKMS라는 전체적인 틀 속에서 살펴보고 각각의 변수들이 어떠한 관계를 가지고 있는지를 살펴보고자 한다.

1. 지식통합 메커니즘으로서 SKMS에 대한 연구의 필요성

끊임없이 변화하는 경영환경 속에서, 기업들은 시장에서의 위치를 확보하고, 수익과 이윤을 증가시키기 위해 노력하고 있다. 기업경영에 관한 다양한 이론들이 왜 어떤 기업들은 경쟁기업들보다 뛰어난 성과를 거두는지, 왜 다른 수많은 기업들은 경쟁에서 실패하는지에 대해 설명하고 있다. 자원기반 이론은 시장에서 기업의 경쟁우위는 자원과 역량을 획득하고 보호할 수 있는 기업의 능력에 의해 결정된다고 설파하고 있다(Wernerfelt, 1984). 기업에게 경쟁우위를 가져다주는 많은 자원들 중에서,

특히 지식은 생산활동을 위해 다른 자원을 변화시키거나 확보할 수 있도록 만드는 중요한 자원이라고 알려져 있다(Hamel and Prahalad, 1994; Vargo and Lush, 2008). 그러나 조직 내의 지식은 다양한 형태로 존재하고 있으며, 다양한 장소에 산재되어 있어서 이를 통합할 수 있는 체계적인 메커니즘이 없이는 활용하는 데 많은 제약이 따른다.

잘 체계화된 지식통합 메커니즘은 조직 내의 다양한 지식을 통합시킴으로써 지식의 효과적인 활용을 유도해 기업 경제활동의 효율성을 높이고(Davenport and Klahr, 1998; Grant and Baden-Fuller, 1995), 기업을 경쟁자와 차별화함으로써 특유의 경쟁력을 가질 수 있도록 한다. 기존 연구들에서는 이러한 지식통합 메커니즘을 조직의 내적 환경(Burgelman, 1994)이나 조직활동의 통합(Lumpkin and Dess, 1996) 등으로 표현하였다.

이상에서 언급한 바와 같이, 지식통합 메커니즘에 대한 이해는 조직의 성공을 위해 매우 중요하다. 본 연구에서는 팀 성과를 향상시키는 데 있어서 지식통합 메커니즘의 역할을 탐색하기 위해 이론적 모델을 제시하고, 지식통합 메커니즘의 활용에 영향을 미치는 선행 요인들을 도출하고자 한다. 이를 위해 본 연구는 한국의 대표적인 기업 중의 하나인 SK가 수십 년간 개발 · 보완해서 경영의 도구로 활용하고 있는 SKMS(SK Management System)를 SK그룹 내의 지식통합 메커니즘으로 정의한다. 이는 기존의 연구들이 지식통합 메커니즘의 당위성이나 개념적 형태의 이러한 지식통합 메커니즘의 본 연구에서 제안하고 있는 모델의 기본 전제는 지식기반 이론에 기반하여, 지식통합 메커니즘으로서 SKMS가 조직 내 팀들의 성과에 영향을 미치며, 적합구조화이론(Adaptive Structuration Theory)과 기술동화이론(Theory of Technology Assimilation)으로부터 도출된 선행 요인들이 SKMS의 활용에 영향을 미친다는 것이다. 지식기반 이론은 기업이 지식통합과 활용 기관으로서 통합 메커니즘이 필요함을 강조하고(Grant, 1996b), 적합구조화이론과 기술동화이론은 이러한 지식통합 메커니즘이 어떻게 수용되고 사용되는지를 설명한다.

2. 이론적 배경

Grant(1996a; b)에 따르면, 기업은 지식활용 기관(knowledge application institution)으로서, 지시, 절차, 업무정형화 등 특화된 지식통합 메커니즘을 통해 지식을 활용함으로써 상품과 서비스를 생산한다. 지시는 업무처리에 관한 특정한 절차가 없을 때 전문가들이 다른 구성원들을 위해 규칙이나 가이드라인을 개발하는 형태의 지식통합 메커니즘을 말하며, 정형화는 조직구성원 간의 상호작용 패턴을 정하고 신호나 반응에 있어서 패턴을 사용하여 지시가 없이도 업무가 진행될 수 있도록 하는 지식통합 메커니즘을 의미한다(Ryu, Kim, Chaudhury and Rao, 2005). 공유된 지식으로서의 지시나 업무 정형화는 사회적 · 제도적 실무 지식의 형태로 내재화되는 조직 내의 암묵지가 된다(Berger and Luckmann, 1989; Nelson and Winter, 1982). 이러한 집합적 공유 지식은 개인의 지식과는 구별되는 것으로 사회적 상호작용을 통해서 얻어지고 유지되는데, 기업의 입장에서 가장 안전하고 중요한 조직적 지식이 된다(Brown and Duguid, 2001; Nahapiet and Ghoshal, 1998). 또한 이러한 지식통합 메커니즘은 기업이 경제활동을 수행하는 데 있어서 특유의 경쟁력을 가질 수 있도록 허용하며, 다른 기업들과 차별화가 가능하도록 한다(Ghoshal and Moran, 1996). 따라서 조직구성원들과 다양한 기능들에 산재하는 특화된 지식을 통합시키는 것은 지식의 중복을 피하고 일관된 사용이 가능하게 함으로써 기업 효율성을 극대화시킨다(Davenport and Klahr, 1998; Grant and Baden-Fuller, 1995).

기존 연구자들은 이러한 지식통합 메커니즘을 '조직의 내적 환경'(Burgelman, 1994) 또는 '조직활동의 통합'(Lumpkin and Dess, 1996)으로 이해하였다. 여기서 조직의 내적 환경은 조직문화, 계획 및 통제 시스템, 자원 할당 규칙, 성과 측정 및 보상 시스템, 그리고 구성원들의 행동원칙 등을 포함하는데, 잘 체계화된 조직의 내적 환경은 기업이 전략에 적합한 전략 행동을 구사하고, 시장의 요구에 부합하는 차별화된 조직 역량을 갖추도록 만든다(Burgelman, 1994). 조직활동의 통합은 조직활동을 통합하는 구조, 구조적 통합 장치 그리고 통합적 사고를 포함하는데, Lumpkin과 Dess(1996)는 조직활동의 통합이 기업가정신과 기업성과 사이의 관계를 매개한다고 주장하였다. Purvis, Sambamurthy, 그리고 Zmud(2001)는 조직 내에서 지식 플랫폼으로서의 CASE(Computer-Aided Software Engineering) 기술의 동화(Assimilation)에 영향을 미치는 다양한 요인들에 대한 연구에서 지식 플랫폼을 지식통합 메커니즘으로 간주하였다.

제도화 이론(Structuration Theory)의 관점에 따르면, 지식 플랫폼은 기업의 활동이 이해되고 실행될 수 있는 기반으로서의 구조로 인식될 수 있다(Purvis et al., 2001). 제도화 이론에서 구조가 개인의 행동에 영향을 미치는 방법은 의미작용(signification), 합법화(legitimization), 그리고 지배성(domination)의 세 가지로 구분 된다(Orlikowski, 1992; Scott, 1995). 의미작용은 구조가 어떤 의미를 가지는지를 정의하고 조직구성원들이 이를 어떻게 이해할 것인지를 정의하는 것을 말한다. 조직구성원 개인들은 이 구조를 자신의 업무 프로세스 상에서 어떤 행동을 해야 하는지를 이해하는 가이드라인으로 사용하게 된다. 합법화는 조직 내에서 어떤 행동들이 타당하며, 조직의 목표와 일치하는지를 정의하는 것으로, 조직구성원들은 이 구조를 자신의 행위가 조직 내에서 합법성을 가지는지를 판단하는 규범으로 활용하게 된다. 마지막으로 지배성은 구조가 조직구성원의 행위를 규제하는 것으로, 개인들은 이 구조에 의지하여 자신의 행동이 조직의 규정을 위배하지는 않는지, 처벌을 받지 않을지에 대해 판단하게 된다.

이처럼 조직 내의 구조들은 개인의 행동에 영향을 미치지만, 이러한 구조를 실제 받아들이고 사용하는 것은 조직구성원들로서 조직구성원 개인들이 구조를 인지하고 활용하는 데는 다양한 요소들이 영향을 미치게 된다. Purvis et al.(2001)은 기술동화 관점에서 구성원들의 구조 활용에 영향을 미치는 중요한 요소로서 조직의 경영진이나 기술 챔피언의 영향, 즉 '메타구조화'를 꼽고 있다. 메타구조화는 경영진이나 기술 챔피언이 보상, 처벌, 또는 적극적인 옹호 등 직·간접적인 행동을 통하여 특정 구조나 기술을 사용자에게 보다 가치 있게 만들어 이 구조가 조직 내에서 활발히 활용되도록 하는 것을 말하는 것으로, 구조가 보다 조직의 활동에 내재화되도록 만들거나 하위조직의 환경에 영향을 미침으로써, 구성원들의 구조 활용에 영향을 미치게 된다.

DeSanctis와 Poole(1994)은 특정 구조 또는 기술의 전유(appropriation)에 영향을 미치는 요소들로써, 기술의 구조적 특성, 조직의 환경, 팀의 내부 환경, 업무 특성을 들고 있다. 기술의 구조적 특성은 기술이 구성원들에게 특정한 의미를 부여하여 구성원들이 표준화되고 정형화된 의미 구조를 갖게 되리라는 것을 말하며, 팀 내부 환경은 팀 구성원들의 상호작용 형태나 지식·경험 등을 의미한다. 업무 특성은 업무 자체가 가진 복잡성이나 정형성 등의 특성을 말한다. 이러한 요소들은 기술이나 구조의 사용에 있어 조직 내 구성원들 간의 상호작용, 즉 개별적인 구조화 행동에 다양한 영향을 미침으로써(Purvis et al. 2001), 특정 기술의 기능이 다양하게 사용되도록 하거나, 기술 자체가 다양한 목적으로 사용될 수 있도록 하며, 기술이나 구조가 원래 설계된 의도대로 사용되거나 또는 구성원들 간의 합의를 통해 설계된 의도와는 다르게 사용될 수 있도록 한다

(DeSanctis, Poole, 1994).

본 연구에서는 지식 플랫폼으로서 SKMS의 활용을 팀 내에서 사용하는 방법론들이 얼마나 SKMS가 내포하고 있는 지식들을 잘 활용하고 있는가를 나타내는 개별적인 구조화로 정의한다. 그리고 이에 영향을 주는 요인들로, 메타 구조화인 경영진의 챔피언십(Purvis et al. 2001), 그리고 DeSanctis와 Poole(1994)이 제시한 기술의 구조적 특성, 조직의 환경, 팀의 내부 환경, 업무 특성의 네 가지를 선택하였다. 각 변수들 간의 관계는 연구 모형에서 자세히 기술하기로 한다.

3. 연구 모형 및 가설

SKMS는 SK그룹이 상당한 기간 동안 경영에 관한 지식을 집대성하고 조직 내 원활한 커뮤니케이션을 위해서 지속적으로 수정 · 발전시켜온 한국적 경영을 위한 지식 플랫폼이다. 최고경영층의 의지로 축적되고 활용되어온 이 지식 플랫폼은 그러나 보다 효과적인 활용을 위해서는 조직구성원들의 이해와 적극적 참여, 그리고 업무에의 실질적인 적용이 필수적이다. 본 연구는 따라서 지식기반이론(Grant, 1996a; b), 적합구조화이론(DeSanctis and Poole, 1994), 그리고 동화이론(Purvis et al. 2001)을 바탕으로 SKMS의 활용에 대한 정의 및 활용에 영향을 미치는 요소들과 그 효과에 대해 체계적으로 분석해보고자 한다. 이를 위해서 본 연구는 경영 챔피언십, 지식 내재화, 팀 내부 환경, 조직환경, 업무 특성의 다섯 가지 요인을 SKMS의 활용에 영향을 미치는 선행 요인으로, 그리고 종업원의 조직 애착 및 팀 성과라는 두 가지 요인을 결과변수로 정의한 연구 모델을 제시한다. [그림 70]은 본 연구에서 제시하고자 하는 연구 모형을 보여주고 있다.

[그림 70] 연구모델

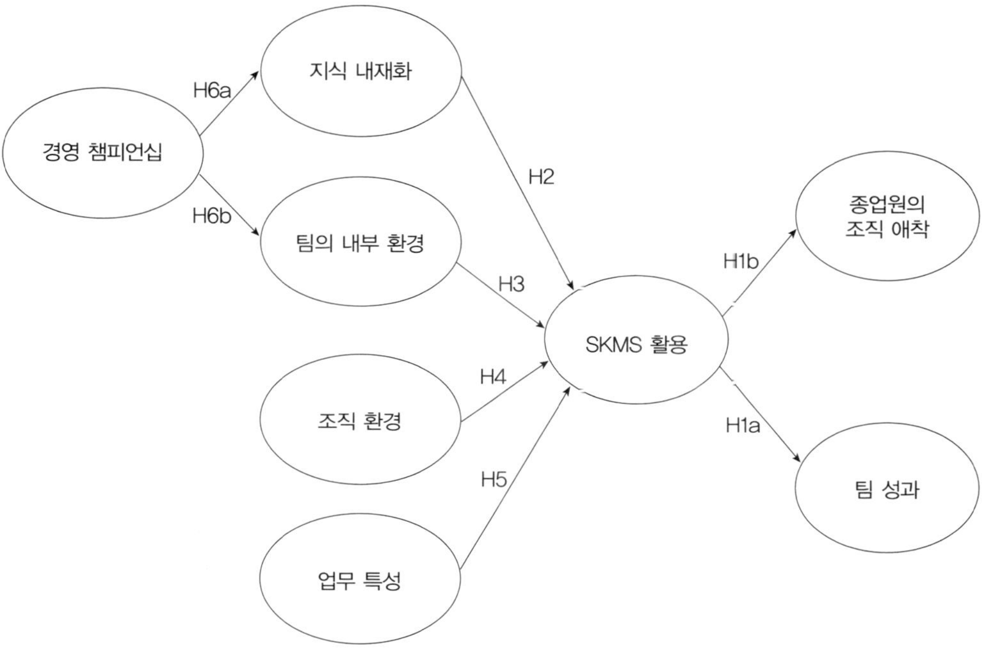

이 모델에서 SKMS의 활용은 조직 내 팀들이 그들의 업무수행을 위해 현재 사용하고 있는 다양한 방법론들을 SKMS가 제시하는 지식과 방법에 얼마 정도나 수용하고 있는지를 나타낸다. 조직 내에서 방법론은 조직이 축적해온 많은 지식과 경험을 체계적인 형터로 통합함으르써 조직구성원들의 업무수행을 지원하게 되는데, 조직구성원들은 이러한 방법론을 그들의 업무수행을 위한 템플릿으로 활용하여 업무수행의 효율성을 높이고, 생산성을 확보하게 된다(Purvis et al., 200).

SKMS는 SK그룹이 수십 년 동안 축적해온 지식과 경험을 경영의 정적 요소와 동적 요소로 구분하고, 이들을 효과적으로 활용하여 최상의 성과를 얻어내는 기법에 대해 기술하고 있다. SKMS에 따르면, 경영의 정적 요소는 기획 · 인사 · 조직 · 재무 등 조직의 기능에 관한 요소를 포함하며, 동적 요소는 의욕 관리, 관리역량 관리, 조정, 커뮤니케이션, 그리고 SK-Manship 관리를 포함하는데, 이러한 요소들을 체계적이고 통합적으로 관리하여, SUPEX(Super Excellence)를 추구하면 기업의 안정과 성장, 그리고 영구 존속 및 발전을 기대할 수 있다고 한다(SKMS, 2004). SKMS가 추구하는 다양한 지식과 방법론들은 조직 내 팀들이 처한 상황에 맞게 수정되어 사용되게 되는데 이러한 행위는 개별적인 구조화로 정의될 수 있다(Purvis et al., 2001). 개별적인 구조화는 조직의 환경에 영향을 미치는 요소들에 대한 복합적인 고려를 반영한 것이므로, 이를 통해 나타나는 지식이나 방법론이 SKMS를 얼마나 적극적으로 수용하고 발전시키는지에 따라 조직 내 이해관계의 조정 및 커뮤니케이션에 영향을 미침으로써 팀들의 성과와 구성원들의 조직에 대한 태도에 영향을 미치게 된다(McClure, 1989). 특히, SKMS가 제시하고 있는 동적 요소에 대한 관리의 효율성 여부는 팀의 성과뿐만 아니라 조직구성원들의 조직에 대한 애착 정도에 상당한 영향을 미칠 것이다. 지금까지의 논의에 바탕하여 SKMS의 활용과 성과 간에 다음과 같은 가설이 제시될 수 있다.

H1a: SKMS의 적극적인 활용은 팀의 성과에 긍정적인 영향을 미칠 것이다.

H1b: SKMS의 적극적인 활용은 조직구성원들의 애착을 높일 것이다.

지식 내재화(knowledge embeddedness)는 지식통합 메커니즘 또는 지식 플랫폼인 SKMS가 조직 및 조직구성원들이 축적한 다양한 지식을 체계화하고 구조화하는 정도를 말한다(Purvis et al., 2001). SKMS는 SK그룹이 추구하고 있는 기업의 미션, 전략, 사업수행 절차 그리고 조직의 각 기능과 관련한 핵심 지식들을 정의하고 구체화하고 있으며, 이러한 지식들은 SK 그룹 내 각 회사와 팀들이 사업을 수행하는 데 직 · 간접적인 영향을 미쳐 왔다. 한편, 실제 사업수행에 있어서 SKMS가 제시하고 있는 지식과 방법론을 적용하는 과정에서 조직구성원들은 새로운 베스트 프랙티스를 창출해내고 이를 통해 축적된 지식을 SKMS에 반영함으로써 SKMS의 지식 플랫폼으로서의 가치를 높이게 된다. 이처럼 연속적인 SKMS의 활용은 지속적으로 새로운 베스트 프랙티스를 창출하여 SKMS에 포함된 지식들의 현실성을 높이고 SKMS가 포괄할 수 있는 지식의 질과 양을 확대함으로써 SKMS 자체의 활용도를 높인다(Kogut and Zander, 1992; Nonaka, 1994). 이상의 논의로부터 다음의 가설이 도출될 수 있다.

H2: SKMS가 더 많은 조직의 지식을 포괄하고 체계화할수록 그 활용도는 높아진다.

팀 내부 환경(teams' internal environment)은 팀 구성원들의 상호작용 형태, 지식과 경험의 정도 등을 의미하는데, 이러한 요인들은 조직 내의 지식 플랫폼 활용에 영향을 미친다(DeSanctis and Poole, 1994). 본 연구에서는 DeSanctis와 Poole(1994)이 제시한 팀 내부 환경요인 중 그룹의 상호작용 형태, 즉 팀 구성원 간의 협력이나 응집 정도를 중심으로 SKMS의 활용에 미치는 영향을 탐구했다. 기존의 연구에 의하면, 응집도가 높은 그룹은 언어 사용행위에 있어서 효율성이 늘고, 멘탈 모델의 일치도가 높으며, 사업운용에 관한 지식의 활용도가 높아서, 그들이 가진 자원을 효과적으로 활용, 업무를 성공적으로 마무리한다고 알려져 있다(Beal and Cohen, 2003). 따라서 팀 구성원들 간의 의사소통이 활발하고, 협력 정도가 높은 그룹은 지식 플랫폼인 SKMS의 활용에 대한 높은 합의를 이루어 낼 수 있으며, 이를 통해 SKMS를 잘 활용할 수 있다고 볼 수 있다.

H3: 팀 내 구성원들 간 응집도가 높고 의사소통이 활발하면 SKMS의 활용도가 높아진다.

조직환경(organizational environment)은 조직의 경쟁환경과 조직문화를 의미한다(DeSanctis and Poole, 1994). 조직의 경쟁환경은 조직을 둘러싼 경영 및 기술환경이 얼마나 빨리 변화하는 지를 말하는 데 반해, 조직문화는 사회적 상호작용의 결과로 조직 내에 내재화되는 것으로서 조직 내 지식의 가치, 조직 내에서 유지되어야 하는 지식의 종류, 그리고 조직 내에서 수용될 수 있는 지식행위들을 결정하게 된다(Gold, Malhotra and Segars, 2001; Lee and Choi, 2003). 조직환경에 대해서는 다양한 정의들이 존재하지만, 본 연구에서는 조직이 속해 있는 환경이 얼마나 신제품 또는 서비스 출시에 적극적인지, 그리고 사업수행에 있어서 얼마나 많은 전문성을 요구하는지를 중심으로 포괄적으로 정의하고, SKMS의 활용 정도와의 관계를 살펴보았다. 왜냐하면 새로운 상품이나 서비스에 대한 요구가 높고 전문성이 많이 요구될수록 잘 확립된 지식의 활용 정도가 높을 것이라고 가정할 수 있기 때문이다.

H4: 조직환경이 새로운 상품이나 서비스를 많이 요구하고 전문성이 높을수록 SKMS의 활용 정도가 높을 것이다.

업무 특성(task characteristics)은 업무 자율성, 스킬 다양성, 업무 주체성, 업무 중요도 그리고 업무 피트백과 같은 업무 관련 속성을 의미한다

(Attewell and Rule, 1984; Hackman and Oldham, 1976; 1980; Turner, 1984). 본 연구에서는 일반적인 업무 자체의 특성보다는 업무를 수행하기 위해 필요한 특성에 초점을 두고 업무 특성을 정의하였다. 예를 들면, 업무수행을 위해 공식적인 교육훈련이 필요한지 또는 표준화된 운영절차가 필요한지 등이 그것이다. 이는 업무수행에 있어서 상당한 사전 지식이 요구되는지, 또는 절차화된 지식, 즉 지시나 정형화가 필요한지 여부 등이 업무 특성과 SKMS 활용의 관계에 중요한 의미를 가지기 때문이다. 다시 말해 업무수행을 위해 사전 지식이나 절차화된 지식이 필요할 경우, 조직구성원들은 복잡한 업무를 이해하고 성과를 향상시키기 위해 기존의 축적된 지식을 활용할 수 있는 지식 플랫폼에 의존한다는 것이다.

H5: 사전 지식이나 절차화된 지식이 필요한 업무를 수행해야 하는 조직의 경우 SKMS를 보다 많이 활용하게 된다.

마지막으로 경영 챔피언십(management championship)은 조직의 상위 관리자가 규칙, 가치 그리고 문화를 변화시킴으로써 조직구성원들의 행위나 태도에 영향을 미치고 기술이나 구조를 보다 효과적으로 활용하도록 하는 데 기여하는 정도를 의미한다. 경영 챔피언십은 기업의 목표를 효과적으로 달성하는 데 중요한 역할을 수행한다(Purvis et al., 2001; Rai and Howard, 1993). 경영 챔피언십은 지식 플랫폼의 유용성을 적극적으로 옹호하여 조직구성원들의 지식 플랫폼 활용행위를 촉진시키고, 이를 바탕으로 구성원들에게 보상을 주거나 처벌을 가하는 역할을 수행한다(Leonard-Barton and Deschamps, 1988). 따라서 경영 챔피언십은 메타 구조화 활동으로서 조직 내에서 지식 플랫폼이 가지는 의미를 이해시키고 지식 플랫폼의 사용에 관한 규범을 만들어 지식 플랫폼이 보다 조직의 활동에 내재화되도록 만들거나 하위조직의 환경에 영향을 미친다. 상기의 논의를 바탕으로 본 연구는 경영 챔피언십과 관련하여 다음의 두 가지 가설을 제시한다.

H6a: 경영 챔피언십은 지식 내재화에 긍정적인 영향을 미친다.
H6b: 경영 챔피언십은 팀 내부 환경에 긍정적인 영향을 미친다.

4. 연구 방법 및 데이터 분석

1) 데이터 수집

본 연구에서는 제시된 가설을 실증적으로 연구하기 위해 예비조사 및 본 조사의 2단계로 설계된 설문조사 방법을 사용했다. 먼저, 측정도구 개발을 위해 사전 연구에서 타당성이 검증된 아이템들을 수집하고 두 팀의 전문가 패널을 통해 1차적인 타당도 검증을 실시하였다. 첫 번째 전문가 그룹은 세 명의 교수로 구성되어 있으며, 두 번째 그룹은 SK그룹 내 SKMS 전담팀으로 구성되었다. 전문가 팀들은 내용의 완결성 및 용어의 적절성 등에 대해 검증을 했다. 두 번째 단계에서는 1단계에서 검증된 측정도구를 SK그룹 내 네 개의 주요 회사들을 선택하여 400명의 팀장들을 대상으로 인터넷을 통하여 배포하였다. 설문 대상자 중 231명이 응답하여 회수율은 57.8%였다. 본 조사단계는 독립적인 연구조사 기관을 통해 이루어졌는데, 이는 연구 참여자들이 보다 객관적으로 설문에 응하도록 하기 위한 조치였다. 실제로 설문 대상자들 중 많은 수가 자신들의 응답이 실제로 회사에 보고될지에 대해 많은 관심을 보였고, 이러한 상황에서는 사회적 바람직성 등의 체계적 오류가 발생할 가능성이 높았기 때문에 연구자나 회사에서 직접 개입하는 것이 바람직하지 않다는 판단 하에 독립적인 연구조사 기관을 활용한 것이다. 간, 연구 참여를 독려하기 위해서 전체 참여자들을 대상으로 세 차례의 독려 이메일을 SKMS 주관 팀에서 발송하였다.

2) 인구통계학 정보

앞서 언급한 바와 같이 이 설문에는 23[illegible] 명의 팀장들이 참여하였다. 인구통계학적 정보는 [표 9]에서 보이는 바와 같다. 약 99%의 참여자가 남성이었고 나이는 30세부터 53세까지였으며 평균연령은 45세였다. 참여자들의 SKMS 관련 경험은 약 15년, SKMS와 관련한 평균 주당 시간은 6시간이었다. 또한 참여자들의 SKMS 관련 친숙도는 1부터 5의 수준에서 평균 4로서 대부분의 참여자가 SKMS에 대해 잘 알고 있는 것으로 보고되었다.

[표 9] 인구통계학적 정보

구분	평균: 45.1세	범위: 30~53세
성별	남성	99.1%
	여성	0.9%
주당 SKMS 관련 업무시간	2시간 이하	30.3%
	3~5시간	42.0%
	6~8 시간	8.7%
	10시간 이상	19.0%
조직 기능	기획	18.6%
	인사/재무/회계/R&D	11.3%
	구매/생산	19.0%
	판매/마케팅	37.2%
	기타	13.9%

조직 내 직책	임원 팀장 팀원	1.7% 98.3% 0%
동일업종 대비 팀 기술수준	평균 자기 평가 (1=아주 높음, 5=아주 낮음)	1.93
SKMS 활용 연수	5년 이하 6~10년 11~15년 16~20년 21년 이상	9.5% 17.5% 19.9% 45.0% 9.1%

3) 연구변수 조작화

[표 10]에서 보이는 바와 같이, 본 연구의 변수들은 다양한 기존 연구들로부터 도출되었다. 모든 측정 아이템들은 기존의 연구(Chatterjee et al., 2002; Cummings and Cross, 2003; Fichman and Kemerer, 1997; Hemphill and Sechrest, 1952; Meyer and Goes, 1988; Purvis, et al., 2001)로부터 도출되었으며, 필요한 경우 본 연구의 상황에 맞게 수정되었다. 설문문항의 개수와 관련하여서는 설문의 길이를 적정한 선에서 유지하고 잠재변수들의 다면적 특성을 살리기 위해 최소 2개 이상 5개 이하의 측정 아이템으로 한정하였다.

[표 10] 잠재변수의 조작화

항목	설문 내용	출처
경영 챔피언십: 우리 경영진은……		
MC1	SKMS가 회사에 상당한 이익을 제공할 잠재력이 있다고 믿는다.	Chatterjee et al.(2002) (이 설문의 모든 아이템은 Likert 5점 척도로 측정됨)
MC2	SKMS가 회사에 상당한 경쟁우위 분야를 창출한다고 믿는다.	
MC3	SKMS 활용에 대해 적극적으로 지원한다.	
MC4	다른 경영기법에 비해서, SKMS의 우선순위가 높다.	
MC5	SKMS의 활용이 필수적이라고 믿는다.	
지식 내재화: SKMS에는 우리 팀의 업무와 관련하여……		
KI1	업무수행 절차에 대한 지식의 체계화가 잘 되어 있다.	Purvis et al.(2002)로부터 수정
KI2	자원의 획득 및 관리에 대한 지식이 잘 정리되어 있다.	
KI3	핵심자원의 효과적 활용에 대한 지식이 잘 정리되어 있다.	
KI4	사업추진 및 운영절차에 대한 지식의 체계화가 잘 되어 있다.	
KI5	현재 사업의 문제점을 분석하고 대안을 제시할 수 있는 지식의 체계화가 잘 되어 있다.	
팀 내부 환경		
IE1	우리 팀원들은 동료가 요청하지 않아도 자진해서 팀 동료의 업무를 돕는다.	
IE2	우리 팀원들은 팀 동료의 업무를 자주 도와주는 편이다.	
IE3	우리 팀원들은 하루 일과 중에 팀 동료들과 자주 의사소통을 한다.	
IE4	우리 팀원들은 팀에서 '가족의 일원'이라는 감정을 느낀다.	
조직환경		
OE1	우리 회사가 속한 시장은 새로운 제품/서비스 출시에 적극적인 편이다.	Meyer and Goes(1988)로부터 수정
OE2	우리 회사는 사업수행에 있어 전문가를 많이 필요로 한다.	
팀 업무 특성		
TC1	우리 팀의 업무를 수행하는 데는 공식 교육훈련이 필요하다.	Hackman and Oldham(1980)으로부터 수정
TC2	우리 팀은 직무를 수행하기 위한 표준화된 운영절차를 가지고 있다.	
SKMS 활용		
SE1	우리 팀의 비지니스 정책 및 규범은 SKMS가 제시하는 방법론과 일치한다.	Purvis et al.(2001)로부터 수정
SE2	우리 팀의 자원 조직화 방법은 SKMS가 제시하는 방법론과 일치한다.	
SE3	우리 팀의 핵심자원 활용 방법은 SKMS가 제시하는 방법론과 일치한다.	
SE4	우리 팀의 문제점 분석 및 대안 제시 방법은 SKMS가 제시하는 방법론과 일치한다.	
SE5	우리 팀 업무의 핵심 성공요소는 SKMS가 제시하는 요소와 일치한다.	
종업원의 조직에 대한 애착(역코딩)		
EA1	우리 팀원들은 회사에서 '가족의 일원'이라는 감정을 느끼지 못하고 있다.	
EA2	우리 팀원들은 회사에 강한 소속감을 느끼지 못한다.	
EA3	우리 팀원들은 회사에 대해 '애착'을 느끼지 못한다.	
팀 성과		
TP1	우리 팀은 업무생산성이 높다.	Hemphill and Sechrest(1952), Cummings and Cross(2003)
TP2	우리 팀은 업무수행 품질이 높다.	
TP3	우리 팀원들은 팀에 대한 헌신도가 높다.	
TP4	우리 팀원들은 업무 만족도가 높다.	
TP5	우리 팀원들은 대체로 자신의 일에 만족한다.	

4) 데이터 분석 및 결과

PLS 분석은 측정 아이템의 신뢰도와 타당도에 대한 분석을 포함하는 측정모형에 대한 평가와 구조방정식 모형에 대한 평가로 구분될 수 있다. 측정모형에 대한 평가는 개별 아이템 요인 적재값과 이를 토대로 한 내적 일관성을 검토하여 신뢰성을 측정하는데, 개별 아이템의 요인 적재값과 내적 일관성의 값이 0.7 이상이면 적정하다고 본다(Fornell and Larcker, 1981).

[표 11]에서 보이듯, 모든 측정 아이템의 요인 적재값이 0.7 이상으로 이 측정모형은 내적 일관성을 가지고 있음을 알 수 있다. 또한 매우 균일하게 분포된 가중치를 통해 각 측정변수들이 잠재변수에 균일하게 공헌하고 있음을 확인할 수 있다.

[표 11] 측정 아이템의 요인 적재값 및 가중치

팀 성과			종업원 이직			SKMS 활용			조직환경		
Item	Loadings	Weight	Item	Loadings	Weight	Item	Loadings	Weight	Item	Loadings	Weight
TP1	0.8382	0.2842	ET1	0.7129	0.2846	SE1	0.8255	0.2159	OE1	0.8371	0.6099
TP2	0.7713	0.2501	ET2	0.8649	0.5055	SE2	0.8816	0.2433	OE2	0.8263	0.5924
TP3	0.7811	0.2610	ET3	0.8611	0.4180	SE3	0.8685	0.2238			
TP4	0.7839	0.2192				SE4	0.8591	0.2453			
TP5	0.7591	0.2544				SE5	0.8233	0.2455			
팀 내부 환경			업무 특성			지식 내재화			경영 챔피언십		
IE1	0.8347	0.2716	TC1	0.8133	0.5759	KI1	0.8651	0.2165	MC1	0.8270	0.2477
IE2	0.8545	0.3276	TC2	0.8460	0.6284	KI2	0.8559	0.2168	MC2	0.8096	0.2244
IE3	0.8151	0.2929				KI3	0.9138	0.2485	MC3	0.9043	0.2770
IE4	0.8294	0.3070				KI4	0.8830	0.2255	MC4	0.8493	0.2176
						KI5	0.8996	0.2233	MC5	0.8022	0.2222

5) 신뢰성 및 타당성 분석

[표 12]는 연구모형의 내적 일관성(Internal Consistency)을 확인하기 위하여 복합신뢰도(Composite Reliability)와 평균분산추출값(Average Variance Extracted)을 구한 결과와 잠재변수들 간의 상관관계 및 평균분산추출값의 제곱근을 보여주고 있다.

1. CR: Composite Reliability
2. AVE: Average Variance Extracted
3. The number in parenthesis is the square root of AVE

요인 적재값과는 별도로 측정모형의 내적 일관성은 복합신뢰도의 값이 0.7보다 크고, 평균분산추출값이 0.5보다 클 때 확보된다고 볼 수 있다(Fornell and Larcker, 1981). [표 12]의 결과를 보면, 복합신뢰도의 값이 모두 0.8보다 높으며 평균분산추출값이 모드 0.6보다 높았다. 이와 같은

[표 12] CR[1], AVE[2] 및 잠재변수 간의 관계

구분	CR	AVE	MC	KI	IE	OE	TC	SE	EA	TP
경영 챔피언십(MC)	0.922	0.704	(0.839[3])							
지식 내재화(KI)	0.947	0.781	0.554	(0.884)						
팀 내부 환경(IE)	0.901	0.695	0.468	0.427	(0.884)					
조직환경(OE)	0.818	0.692	0.165	0.239	0.259	(0.832)				
업무 특성(TC)	0.816	0.689	0.384	0.361	0.314	0.169	(0.830)			
SKMS 활용(SE)	0.930	0.726	0.496	0.542	0.536	0.281	0.397	(0.852)		
조직에 대한 애착(EA)	0.856	0.666	0.372	0.305	0.499	0.106	0.223	0.392	(0.816)	
팀 성과(TP)	0.891	0.620	0.390	0.396	0.597	0.266	0.290	0.577	0.441	(0.787)

결과는 본 연구에서 제시한 연구모형이 매우 높은 내적 일관성을 가지고 있음을 의미하며 이를 통해 내적 타당도가 있음을 알 수 있다. 또한 [표 12]는 모든 평균분산추출값의 제곱근 값이 다른 잠재변수들 간의 상관관계보다 큰 값을 가짐을 보여주고 있다. 이는 AVE의 제곱근이 구성개념과 다른 구성개념 사이의 상관계수보다 큰 값을 가짐으로써 잠재변수들 간 판별 타당성(discriminant validity)이 있음을 의미한다(Fornell and Larcker, 1981).

6) 구조모형 분석

PLS 모델에서 경로계수의 값들은 표준화된 회귀값들을 나타내는데, 이러한 회귀계수들이 유의미한 결과를 보이려면 통계적 기준과 관계없이 최소 0.05 이상 또는 보수적으로 봤을 때 0.1 이상이 되어야 한다(Pedhazur, 1997). [그림 71]에서 보여지듯, 조직환경과 SKMS의 활용 경로를 뺀 나머지 값들은 모두 보수적인 기준을 만족시키고 있다. 또한 이 경로들은 모두 통계적으로 $p < 0.05$ 및 $p < 0.001$에서 유의한 값들을 보여주고 있다. 따라서 가설 H4를 제외하고 본 논문에서 제시된 모든 가설들(H1a, H1b, H2, H3, H5, H6a, H6b)이 지지되었다. 또한 각 내생변수들의 높은 R^2값들은 이 논문에서 제시한 모형이 SKMS의 활용에 영향을 미치는 요인들과 그 결과에 대해 예측할 수 있는 타당성을 가지고 있음을 보여주고 있다.

[그림 71] 구조 모형 분석 결과

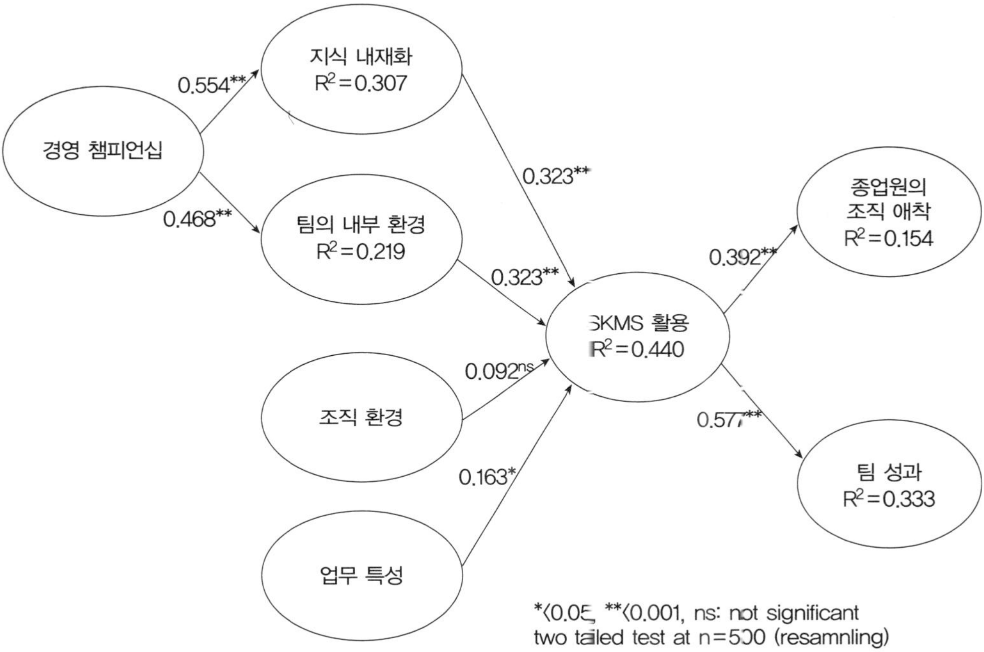

7) 기타 기술적 분석

본 연구에서 가설화되지는 않았지만 인구통계적 특성에 따른 SKMS의 활용은 실제 경영에 있어서 상당한 관심사가 되어왔다. 따라서 이 장에서는 SKMS에 대한 친숙도, SKMS 관련 업무시간, SKMS 사용 연수, 그리고 조직 기능에 따른 SKMS 활용 형태가 어떻게 다른지에 대해 분석한다. 다음 쪽의 [그림 72]와 [그림 73]은 지식 내브화 및 SKMS 활용에 대한 참여자들의 평가를 나타낸 것이다.

[그림 72] 지식 내부화

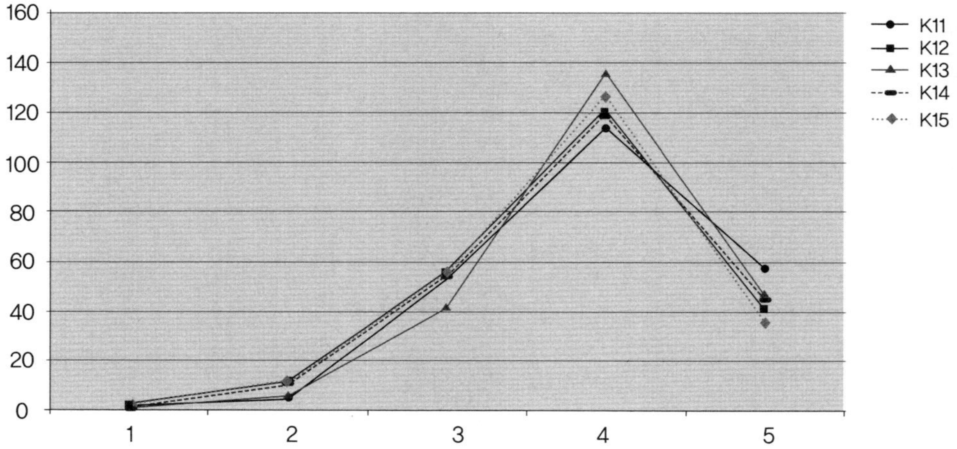

[그림 73] SKMS 활용

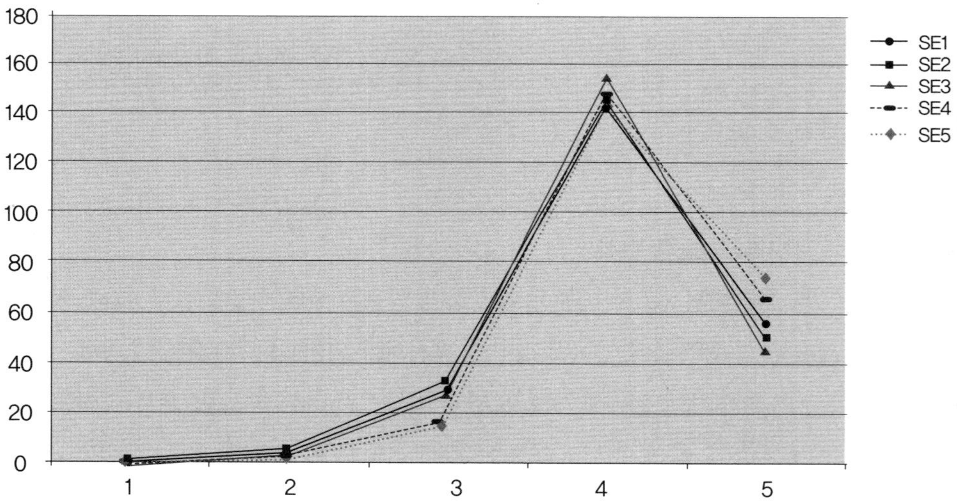

설문 응답자들은 SKMS가 자신의 팀 업무와 관련하여 업무절차, 핵심자원의 효과적인 활용, 사업추진 및 운영절차, 자원의 획득 및 관리에 대해 체계적으로 정리하고 있다고 믿고 있으나, 개선의 여지가 많다고 느끼는 것으로 보인다. 또한 설문 참여자들은 자신들의 비즈니스 정책 및 규범, 자원조직화, 핵심자원 활용방법, 문제점 분석 및 대안 제시, 핵심 성공요소 등을 결정하는데 SKMS를 활용하고 있다고 믿고 있다. 하지만 [그림 73]에서 보이는 바와 같이, 많은 응답자가 5점 척도 중 약 4점을 부여였는데 이는 여전히 개선해야 할 부분이 있다고 느끼는 것으로 보인다.

[표 13]부터 [표 16]까지는 인구통계적 정보를 기준으로 SKMS의 활용현황에 대해 분석해본 결과(전체 응답자 중 긍정적으로 평가한 응답자의 비율)를 보여주고 있다.

[표 13] 조직 기능별 SKMS 활용 정도

구분		SE1	SE2	SE3	SE4	SE5
조직 기능	기획	0.84	0.81	0.93	0.88	0.88
	인사/재무/R&D	**0.85**	0.88	0.92	0.96	1.00
	생산/구매	**0.84**	0.91	0.95	0.95	0.95
	판매/마케팅	0.87	0.83	0.84	0.93	0.92
	기타	0.91	0.78	0.78	0.88	0.94
	계	0.86	0.84	0.88	0.92	0.93

[표 14] SKMS 친숙도별 SKMS 활용 정도

구분		SE1	SE2	SE3	SE4	SE5
SKMS 친숙도	비친숙	0.67	0.58	0.58	0.67	0.75
	친숙	**0.88**	**0.87**	**0.89**	**0.95**	**0.95**
계		0.86	0.84	0.86	0.92	0.93

[표 15] SKMS 관련 주당 업무시간별 SKMS 활용 정도

구분		SE1	SE2	SE3	SE4	SE5
SKMS 관련 업무시간	2시간 이하	0.90	0.84	0.86	0.94	0.91
	3~5시간	0.81	0.79	0.81	0.89	0.94
	6~8시간	**0.90**	**0.95**	**1.00**	**1.00**	**0.95**
	9시간 이상	**0.89**	**0.89**	**0.91**	**0.93**	**0.93**
계		0.86	0.84	0.86	0.92	0.93

[표 16] SKMS 활용 연수별 SKMS 활용 정도

구분		SE1	SE2	SE3	SE4	SE5
SKMS 활용 연수	5년 이하	0.73	0.82	0.77	0.77	0.86
	6~10년	0.71	0.79	0.76	0.87	0.87
	11~15년	0.87	0.85	0.89	0.93	0.89
	16~20년	**0.94**	**0.86**	**0.90**	**0.96**	**0.97**
	21년 이상	**0.86**	**0.86**	**0.86**	**0.95**	**1.00**
계		0.86	0.84	0.86	0.92	0.93

조직 기능별로 살펴봤을 때는 인사/재무/회계/R&D 및 생산/구매팀에서 일하는 구성원들이 SKMS를 보다 적극적으로 활용한다고 응답했다([표 13]). [표 14]부터 [표 16]에서 보이듯이 SKMS에 대해 친숙하다고 느끼는 응답자일수록 SKMS의 활용에 대해 긍정적으로 답변했으며, SKMS 관련 업무에 주당 6시간 이상을 투입하고 있는 응답자일수록, 그리고 SKMS 활용 연수가 오래된(16년 이상) 구성원들이 SKMS의 활용에 대해 긍정적으로 답했음을 알 수 있다. 이러한 결과는 현재 SKMS의 경우에 초보자들이 이해하기보다는 경험이 많고 SKMS를 오랫동안 사용해온 구성원들이 이해하기 쉽고 더 잘 활용한다는 것을 말한다.

이러한 결과는 SKMS의 활용과 관련해서 몇 가지 중요한 시사점을 던

져주고 있는데, 첫째는 SKMS를 이해하고 활용하는 데는 많은 경험과 시간이 필요하다는 점이다. 또한 경험이 많은 팀장급 이상의 구성원이라야 SKMS를 구체적으로 적용하기 위한 자원을 획득하고 활용할 수 있으므로 SKMS를 보다 긍정적으로 평가할 수도 있다. 신입사원이나 경험이 부족한 구성원들의 경우, 업무 자체를 이해하는 데 시간이 걸리고, 따라서 지식 플랫폼인 SKMS를 자신들의 업무에 적용하기에는 한계가 있을 수 있다. 이러한 문제를 해결하기 위해서는 현재 추진 중인 각 사 또는 부문별 실천요강을 보다 업무수행 중심적이며, 이해하기 쉬운 종합적 형태로 만듦으로써 경험이 부족한 구성원들도 쉽게 접근하고 활용할 수 있는 기반을 만드는 것이 중요할 것으로 보인다. 둘째는, 각 부서가 평가받는 업적 도출의 용이성이 부서 간 활용 정도의 차이를 만들어낼 수도 있다는 점이다. 판매나 마케팅 부서의 경우, 자신들의 영업실적이 직접적으로 자신들의 성과 평가에 영향을 미치므로, SKMS의 활용에 조금 더 소극적이지만, 생산/구매나 인사/재무 부서의 경우, SKMS의 활용 자체가 자신들의 성과 평가에 영향을 미치기 때문에 좀 더 적극적으로 SKMS를 활용할 수 있다. 따라서 성과 평가와 SKMS의 활용의 관계를 새로운 시각으로 조명하고, 이들의 연관성으로부터 파생되는 부정적인 효과를 차단할 수 있는 방법을 모색해보는 것이 바람직할 것으로 보인다.

5. 결론 및 제언

1) 연구 결과 요약 및 시사점

본 연구는 지식기반 이론(Grant, 1996a; b), 적합구조화이론(DeSanctis and Poole, 1994), 그리고 동화이론(Purvis et al., 2001)에 바탕을 두고 경영 챔피

언십, 지식 내재화, 팀 내부 환경, 조직환경, 업무 특성의 다섯 가지 요인을 SK그룹의 중요한 지식 플랫폼을 역할해온 SKMS의 활용에 영향을 미치는 선행 요인으로, 그리고 종업원의 조직 애착 및 팀 성과라는 두 가지 요인을 결과 변수로 정의한 연구모델을 제시하고 설문조사 방법을 통해 실증적으로 검증하고자 하였다. 조직환경이 SKMS의 활용에 미치는 영향을 제외하고 본 연구의 모든 가설들은 통계적으로 유의하게 나타났다. 또한 본 연구에서 제안된 연구모형은 SKMS의 활용을 약 44%, 팀 성과를 약 33%, 그리고 조직구성원의 조직에 대한 애착을 약 15% 정도 설명하고 있다. [표 17]은 가설 검증의 결과를 보여주고 있다.

[표 17]

가설		지지 여부	유의성
H1a	SKMS의 적극적인 활용은 팀의 성과에 긍정적인 영향을 미칠 것이다.	Yes	$p < 0.001$
H1b	SKMS의 적극적인 활용은 조직구성원들의 애착을 높일 것이다.	Yes	$p < 0.001$
H2	SKMS가 더 많은 조직의 지식을 포괄하고 체계화할수록 그 활용도는 높아진다.	Yes	$p < 0.001$
H3	팀 내부 구성원들 간 응집도가 높고 의사소통이 활발하면 활용도가 높아진다.	Yes	$p < 0.001$
H4	조직환경이 새로운 상품이나 서비스를 많이 요구하고 전문성이 높을수록 활용 정도가 높을 것이다.	No	-
H5	사전지식이나 절차화된 지식이 필요한 업무를 수행해야 하는 조직의 경우를 보다 많이 활용하게 된다.	Yes	$p < 0.05$
H6a	경영 챔피언십은 지식 내재화에 긍정적인 영향을 미친다.	Yes	$p < 0.001$
H6b	경영 챔피언십은 팀 내부 환경에 긍정적인 영향을 미친다.	Yes	$p < 0.001$

본 연구는 지금까지의 선행 연구들이 기업의 성공에 있어서 지식통합 메커니즘의 중요성을 이론적 측면에서 강조해왔던 것에서 벗어나 지식통합 메커니즘을 실질적으로 측정할 수 있는 변수들을 도출하고 실증적인 분석을 통해 모형의 타당성을 검증했다는 점에서 큰 의의를 가질 수 있다. 본 연구에서 제시한 선행요인들은 향후 조직이 지식통합 메커니즘을 활용하는 데 중요한 변수로 고려될 수 있다. 따라서 본 연구는 다양한 측면에서 의미가 있다고 할 수 있다.

첫째, 본 연구는 지식기반 관점과 제도화 이론을 밑바탕으로 하는 통합 연구모델을 제공한다. 제안된 연구모형은 SKMS와 같은 지식 플랫폼이 지식통합 메커니즘으로서 팀 수준 성과에 어떻게 영향을 미치는가 하는 질문에 대답할 수 있는 수단을 제공한다. 다시 말해, 최고경영진의 메타 구조화 활동이 지식의 내재화와 팀의 내부 환경을 변화시키고 이들이 SKMS와 같은 지식 플랫폼이 잘 활용되게 함으로써 팀 성과에 영향을 미치며, 팀의 업무 특성 또한 지식 플랫폼의 활용에 영향을 미쳐 팀 성과를 향상시킬 수 있다는 것이다(Dess, Lumpkin and Covin, 1997; Lumpkin and Dess, 1996; Purvis et al., 2001).

다만, 한 가지 고려할 점은 조직의 환경, 즉 새로운 상품이나 서비스에 대한 출시 요구가 많고 전문가를 많이 필요로 하는 환경이 왜 SKMS의 활용에 유의한 영향을 미치지 않는가 하는 부분이다. 이러한 결과는 지식 플랫폼으로서 SKMS가 관리적인 방법론에 치중하면서 새로운 환경에서 적응하거나 새로운 환경을 이끌어갈 수 있는 지식에 대해서 부족한 부분이 많기 때문이거나, 새로운 상품이나 서비스가 많이 요구되는 환경에서는 기존의 방법론이나 지식보다는 새로운 지식을 획득해야 한다는 심리적 요인 때문일 수가 있다. 그러나 이러한 부분들은 좀 더 치밀하게 분석되고 논의될 필요가 있다.

본 연구는 이론적인 측면과 더불어 실무적인 측면에서 어떻게 기업들이 지식통합 메커니즘을 활성화할 수 있는지에 대한 통찰을 제공한다. 관리자들은 팀 내에서 현재 그들이 사용하고 있는 방법론들에 SKMS와 같은 지식 플랫폼이 제공하고 있는 지식들을 충분히 활용하여 재구성함으로써, 그리고 팀 내부 환경을 보다 응집력 있고 친화적으로 변화시킴으로써 지식통합 메커니즘의 효과 및 활용도를 높일 수 있다. 또한 팀의 업무특성을 잘 고려하여 실행 가능한 방법론들을 만듦으로써 지식의 활용도를 높일 수 있다.

2) 연구 한계 및 향후 연구 방향

본 연구에서는 지식 플랫폼의 활용에 영향을 미치는 선행요인들을 제도화 이론의 관점에서 도출하였고, 지식 플랫폼의 활용이 미치는 성과를 조직구성원의 조직에 대한 애착과 팀 성과라는 부분에 한정하였다. 물론 이론적인 타당성이 높고 실무적인 의미가 크긴 하지만, 기존의 지식경영 연구들에 따르면, 사회자본(Wasko and Faraj, 2005), 사회 네트워크(Granovetter, 1985), 또는 프랙티스 커뮤니티(Brown and Duguid, 2001)가 지식통합이나 지식의 활용에 많은 영향을 미치고 있는 것으로 조사되었다. 따라서 향후 연구들은 이러한 변수들을 선행 변수에 포함시켜 지식통합 메커니즘의 활용에 영향을 미치는 요인들에 대한 연구를 수행할 필요가 있다. 또한 팀과 관련한 성과 영역에서도 팀 성과와 조직에 대한 애착 이외의 다른 변수들을 포함시켜 연구를 수행할 필요가 있다.

이 연구는 기존의 연구들과 더불어 지식통합 메커니즘의 활용에 영향을 미치는 요인들과 그 효과를 이해하기 위한 연구과정에서 하나의 디딤돌로 인식되어져야 한다. 이 연구가 제시한 다섯 가지의 선행요인들과 두 가지의 결과 변수들은 연구의 완결성을 위한 기초적인 모델로 이해될 수 있다. 이 분야 연구자들의 장기 과제는 지식통합 메커니즘이 작동하는 방식에 대한 실질적인 분석틀로써 활용될 수 있는 다양한 변수들과 측정 아이템들의 포트폴리오를 파악하고 체계화하는 데 있다. 이러한 목표들이 향후 연구들로 인해 달성되기를 기대한다.

Attewell, P. & J. Rule (1984), "Computing and Organizations: What We Know and What We Don't Know", *Communications of the ACM* 27(12), pp. 1184~1192.

Berger, P. L. & T. Luckmann (1989), *The Social Construction of Reality: A Treatise in the Sociology of Knowledge*, Anchor Books, New York, NY.

Beal, D. J. & R. R. Cohen (2003), "Cohesion and Performance in Groups: A Meta-Analytic Clarification of Construct Relations", *Journal of Applied Psychology* 88(6), pp. 989~1004.

Bentler, P. M. & D. G. Bonett (1980), "Significance Tests and Goodness of Fit in the Analysis of Covariance Structures", *Psychological Bulletin* 88(3), pp. 588~606.

Brown, J. S. & P. Duguid (2001), "Knowledge and Organization: A Social-practice Perspective", *Organization Science* 12(2), pp. 198~213.

Burgelman, R. A. (1994), "Fading Memories: A Process Theory of Strategic Business Exit in Dynamic Environments", *Administrative Science Quarterly* 39(1), pp. 24~56.

Chatterjee, D., R. Grewal & V. Sambamurthy (2002), "Shaping Up For E-Commerce: Institutional Enablers of The Organizational Assimilation of Web Technologies", *MIS Quarterly* 26(2), pp. 65~89.

Coase, R. (1937), "The Nature of the Firm", *Economica* 4, pp. 386~405.

Cummings, J. N. & R. Cross (2003), "Structural Properties of Work Groups and Their Consequences for Performance", *Social Networks* 25(3), pp. 197~210.

Davenport, T. H. & P. Klahr (1998), "Managing Customer Support Knowledge", *California Management Review* 40(3), pp. 195~208.

DeSanctis, G. & M. S. Poole (1994), "Capturing the Complexity in Advanced Technology Use: Adaptive Structuration Theory", *Organization Science* 5(2), pp. 121~147.

Dess, G. G., G. T. Lumpkin & J. G. Covin (1997), "Entrepreneurial Strategy Making and Firm Performance: Tests of Contingency and Configurational Models", *Strategic Management Journal* 18(9), pp. 677~695.

Fichman, R. G. & C. F. Kemerer (1993), "Adoption of Software Engineering Process Innovations: The Case of Object Orientation", *Sloan Management Review* 34(2), pp. 7~22.

Fornell, C. & D. Larcker (1981), "Evaluating Structural Equation Models with Unobservable Variables and Measurement Error", *Journal of Marketing Research* 18, pp. 39~50.

Frei, F. X. (2006), "Commerce Bank", *Havard Business School Case* 9-603-080.

Gawer, A. & M. A. Cusumano (2008), "How Companies Become Platform Leaders", *Sloan Management Review* 49(2), pp. 28~35.

Ghoshal, S. & P. Moran (1996), "Bad for Practice: A Critique of the Transaction Cost Theory", *The Academy of Management Review* 21(1), pp. 13~47.

Gold, A. H., A. Malhotra & A. H. Segars (2001), "Knowledge Management: An Organizational Capabilities Perspective", *Journal of Management Information Systems* 18(1), pp. 185~214.

Granovetter, M. (1985), "Economic Action and Social Structure: The Problem of Embeddedness", *American Journal of Sociology* 91(3), pp. 481~510.

Grant, R. M. (1996a), "Prospering in Dynamically Competitive Environment: Organizational Capability as Knowledge Integration", *Organization Science* 7(4), pp. 375~387.

Grant, R. M. (1996b), "Toward a Knowledge based Theory of the Firm", *Strategic Management Journal* 17(Winter), pp. 109~122.

Grant, R. M. & C. Baden-Fuller (1995), "A Knowledge-based Theory of Inter-firm Collaboration", *Academy of Management Journal(Best Papers Proceedings)*, pp. 17~21.

Hackman, J. R. & G. R. Oldham (1980), *Work Redesign*, Addison-Wesley, Reading, MA.

Hambrick, D. C. & S. Finkelstein (1987), "Managerial Discretion: A Bridge between Polar Views of Organizations", *Research in Organizational Behavior*, L. L. Cummings & B. M. Staw(Eds.) 9, Greenwich. Conn: JAI Press, pp. 369~406.

Hamel, G. & C. K. Prahalad (1994), "Competing for the Future", *Harvard Business Review* 72(4), pp. 122~128.

Hemphill, J. K. & L. B. Sechrest (1952), "A Comparison of Three Criteria of Aircrew Effectiveness in Combat over Korea", *Journal of Applied Psychology* 36, pp. 323~327.

Kogut, B. & U. Zander (1992), "Knowledge of the Firm, Combinative Capabilities and the Replication of Technology", *Organization Science* 3(3), pp. 383~397.

Lee, H. & B. Choi (2003), "Knowledge Management Enablers, Processes, and Organizational Performance: An Integrative View and Empirical Examination", *Journal of Management Information Systems* 20(1), pp. 179~228.

Leonard-Barton, D. & I. Deschamps (1988), "Managerial Influence In The Implementation Of New Technology", *Management Science* 34(10), pp. 1252~1265.

Lumpkin, G. T. & G. G. Dess (1996), "Clarifying the Entrepreneurial Orientation Construct and Linking it to Performance", *The Academy of Management Review* 21(1), pp. 135~172.

McClure, C. (1989), *CASE Is Software Automation*, Prentice-Hall, Englewood Cliffs, NJ.

Meyer, A. D., & J. B. Goes (1988), "Organizational Assimilation Of Innovations: A Multilevel Contextual Analysis", *Academy of Management Journal* 31(4), pp. 897~923.

Nahapiet, J. & S. Ghoshal (1998), "Social Capital, Intellectual Capital, and the Organizational Advantage", *The Academy of Management Review* 23(2), pp. 242~266.

Nelson, R. R. & S. G. Winter (1982), *An Evolutionary Theory of Economic Change*,

Harvard University Press, Cambridge, MA.

Nonaka, I. (1994), "A Dynamic Theory of Organizational Knowledge Creation", *Organization Science* (5), pp. 14~37.

Orlikowski, W. (1992), "Learning from Notes: Organizational Issues in Groupware Implementation", Technical Report, Center for Coordination Science, MIT.

Pedhazur, E. J. (1997), *Multiple Regression in Behavioral Research: Explanation and Prediction*, Harcourt Brace College Publishers, Fort Worth.

Podsakoff, S., B. MacKenzie, J. Y. Lee & N. P. Podsakoff (2003), "Common Method Biases in Behavioral Research: A Critical Review of the Literature and Recommended Remedies", *Journal of Applied Psychology* 88(5), pp. 879~903.

Purvis, R. L., V. Sambamurthy & R. W. Zmud (2001), "The Assimilation of Knowledge Platforms in Organizations: An Empirical Investigation", *Organization Science* 12(2), pp. 117~135.

Rai, A. & G. Howard (1993), "An Organizational Context for CASE Innovation", *Information Resources Management Journal* 6(3), pp. 21~34.

Ryu, C., Y. J. Kim, A. Chaudhury & H. R. Rao (2005), "Knowledge Acquisition via Three Learning Processes in Enterprise Information Portals: Learning-by-Investment, Learning-by-Doing, and Learning-from-Others", *MIS Quarterly* 29(2), pp. 245~278.

Scott, W. R. (1995), *Institutions and Organizations*, Sage Press, Thousand Oaks, CA.

SK Group (2008), *SK Management System*, Seoul, Korea: SK Group.

Straub, D., M. Limayem & E. Karahanna-Evaristo (1995), "Measuring System Usage: Implications for IS Theory Testing", *Management Science* 41(8), pp. 1328~1342.

Turner, J. A. (1984), "Computer Mediated Work: the Interplay between Technology and Structured Jobs", *Communications of the ACM* 27(12), pp. 1210~1217.

Vargo, S. L. & R. F. Lusch (2008), "Why Service?", *Journal of the Academy of Marketing Science* 36(1), pp. 25~38.

Wasko, M. M. & S. Faraj (2005), "Why Should I Share? Examining Social Capital and Contribution in Electronic Networks of Practice", *MIS Quarterly* 29(1), pp. 35~57.

Wernerfelt, B. (1984), "A Resource-Based View of the Firm", *Strategic Management Journal* 5(2), pp. 171~180.

Wold, H. (1985), "Partial Least Squares", S. Kotz, N. L. Johnson(Eds.), *Encyclopedia of Statistical Sciences*, vol. 6, Wiley, New York, pp. 581~591.

제5장
SKMS와 기업성과, 그리고 문제점들

지금까지 이 책에서 살펴본 바에 의하면 SKMS가 SK그룹 기업문화의 근간을 이루고 있는 실체임에는 틀림이 없는 것으로 보여진다. 기업문화는 일반적으로 조직구성원이 따라야 할 적절한 태도와 행동을 정의하는 공유 가치와 규범(norm)의 시스템으로 정의될 수 있는데 학자에 따라서는 경영활동상 당면하는 주요 문제에 대해 지각하고 생각하고 느끼는 방법으로서 조직구성원들에게 일관되게 가르쳐온 해법의 집합으로 정의하기도 한다(Schein, 1992). 특히 SKMS가 다른 기업의 기업문화와 다른 점은 기업의 구성원들이 암묵적으로 받아들이는 기업의 가치와 행동규범이라는 존재양식을 뛰어넘어 성문화된 형태로 존재한다는 점이다.

기업의 구성원들이 공유하는 가치와 규범이 조직 내에서 널리 확산되고 강하게 유지될 때 우리는 그 같은 기업문화를 강한 기업문화라고 부를 수 있을 것이다. 그런 시각에서 보면 SKMS는 고(故) 최종현 회장이 주도하여 정립한 이후 SK그룹에 있어 강력한 기업문화를 형성하는 초석으로서의 역할을 해왔으며 끊임없는 교육을 통해 구성원들에게 널리 확산된 경영 시스템이기 때문에 SK그룹 특유의 기업문화를 형성하는 데 결정적인 역할을 수행해왔다. 그렇다면 과연 SKMS는 SK그룹이 기업성과를 내는 데 기여하였는가 하는 문제와 기여를 했다면 어떻게, 또 어느 정도 기여했는가 하는 문제가 매우 중요한 연구과제로 떠오른다. 이 장에서는 우선 이 문제들에 대하여 SK그룹 구성원들과 SK그룹 구성원이 아닌 사람들 중 SKMS에 대해 잘 알고 있는 인사들을 심층 면접한 결과를 중심으로 SKMS가 SK그룹의 기업성과에 어떻게 기여하였는가에 대해 서술하고, 이 문제를 체계적으로 접근했던 하영원 · 김진교(2008)의 연구를 중심으로 살펴보고자 한다. 또한 이에서 한걸음 더 나아가, SKMS가 SK그룹 내에서 좀 더 널리 확산되고 구성원들에게 마음으로부터 받아들여지기 위해서 풀어야 할 과제가 무엇인지를 알아보고, SKMS가 SK그룹의 세계화에 공헌하기 위해 풀어야 할 과제는 무엇인지를 검토한다.

1. SK그룹 임직원 및 사외 관계자들 심층면접 결과

SKMS가 SK그룹의 기업성과에 구체적으로 어떤 기여를 해왔는지를 파악하기 위해 2008년 1월에서 3월에 걸친 기간 동안 서강대학교의 하영원 교수와 서울대학교의 김진교 교수는 SK그룹 임원 5명, SK그룹이 다른 기업을 합병할 때 M&A 업무를 담당했던 3인의 SK 임직원, SK가 실시했던 사외 인사를 위한 SKMS 교육에 참여했던 중소기업 소속 인사 3명, SK그룹 신입사원 6명, SK그룹의 계열사에서 SKMS 관련 업무를 담당하는 직원 12명을 상대로 심층면접을 실시하였다. SKMS가 SK그룹에서 어떤 성과를 가져왔는가에 대한 정성적인 분석을 실시한 결과 대체로 다음과 같은 다섯 가지 측면에서 공헌했다는 결론을 얻었다. 공헌의 내용은 ① 커뮤니케이션 상의 순기능, ② M&A 시의 효용성, ③ 경영관리상의 효과,

④ 업무의 안정적인 연속성 확보, ⑤ To-Be Model의 효용이 그것이다. 이를 상술하면 다음과 같다.

1) 커뮤니케이션 상의 순기능

SKMS가 지난 30년간 SK그룹에 공헌했던 내용 중에서 가장 중요한 것은 역시 조직 내의 커뮤니케이션을 원활하게 만드는 데 공헌한 점일 것이다. 우선 SKMS는 SK그룹 내에서 사용되는 경영 용어들과 경영에 접근하는 방법론의 동질성을 확보하는 데 결정적인 역할을 한 것으로 보인다. 이는 심층면접에 참여한 인사들 모두가 인정하는 SKMS가 그룹에 기여한 점이었다. 특히 SKMS는 신입사원들을 교육함에 있어 매우 빠른 속도로 신입사원들로 하여금 SK 구성원으로서의 마인드 셋(mind-set)을 갖출 수 있도록 만들어준다는 데 이견이 없었다.

또한, SKMS는 각 계열사에서 신규 사업에 진입 시, 여러 조직에서 규합한 인력들이 같은 생각으로 업무를 진행하게 만들어주기 때문에 업무 속도가 빠르면서도 구성원들 사이의 결속력을 가져다줄 수 있다는 의견이었다. 게다가 SKMS는 구성원들이 공유할 수 있는 의사결정의 기준을 제공하기 때문에 잠재적으로 발생할 수 있는 커뮤니케이션 비용을 줄여주며, SK그룹과 계열사 간의 연결고리를 제공한다는 의견이 지배적이었다.

2) M&A 시의 효용성

SKMS는 SK그룹이 다른 회사를 인수합병(M&A)할 때 결정적인 효능을 발휘했다고 할 수 있다. 예컨대, SK그룹이 2000년에 신세기통신, 2005년에 인천정유를 인수, 합병할 당시 SKMS가 강조하는 인간 위주의 경영이 갖는 구성원 존중의 철학이 피합병된 조직구성원들의 정서적 불안감이나

M&A에 따르는 피합병 조직구성원으로서의 거부감을 완화하는 데 결정적인 역할을 했다는 것이 그 당시 인수합병에 참여했던 인사들의 공통된 증언이었다. 이는 인수합병이라는 물리적인 통합을 뛰어넘어 두 조직 사이의 문화적 통합을 구현함으로써 구성원들에게 단시일 내에 소속감과 일체감을 제공할 수 있었다는 것을 의미한다. 특히 SKMS는 성문화된 경영관리체계이기 때문에 빠른 속도로 이 같은 결과를 가져오는 것이 가능했던 것으로 판단된다. SKMS는 그밖에도 피합병 기업의 구성원들에게 업무수행상의 가이드라인을 제공하였으며, SK Value System을 이해하도록 하는 데 결정적인 역할을 수행하였다. 그 결과 피합병 기업의 노동조합을 설득하는 데도 매우 유용한 도구가 될 수 있었다.

3) 경영관리상의 효과

전술한 바와 같이 SKMS의 경영관리요소는 정적 요소와 동적 요소로 나누어져 있다. 그 중 정적 요소의 경우, 경영계 출신의 신입사원들에게는 그다지 생소하지 않은 내용으로 이루어져 있는 부분이지만, 비경영계 출신 신입사원들에게는 기업경영을 비교적 간단하게 소개할 수 있는 좋은 도구라고 할 수 있다. 사실 SK의 경영계 출신 임직원들의 경우에도 SKMS의 정적 요소 부분은 경영지식을 체계화하는 데 많은 도움을 주었다는 의견들이었다. 또한 SK의 독특한 경영관리요소라고 할 수 있는 동적 요소의 관리는 SK 임직원들로 하여금 자발적으로 두뇌활용을 하도록 자극함으로써 그들을 지식사원으로 전환시키고, 팀워크를 활성화하며, 구성원들의 잠재적인 역량을 끌어내어 장기적인 성과를 올리는 데 기여해왔던 것으로 평가된다.

4) 업무의 안정적인 연속성 확보

기업경영에서 커다란 문제들 중의 하나는 CEO에서부터 팀장에 이르기까지 리더가 바뀌었을 때 조직에 동요가 있을 수 있고 업무의 연속성 확보가 어려워진다는 점이다. SKMS는 이 같은 리더십의 변화가 가질 수 있는 부정적인 영향을 극소화하고 확실한 목표관리를 가능하게 하며, 조직의 명확한 변화의 방향을 제시해준다는 장점을 가지고 있다. 사실 엄청난 속도로 변화하는 경영환경 안에서 SK그룹 내에서 SKMS는 확고한 경영의 방향성을 제시해주는 역할을 수행했다는 점만으로도 평가받을 만하다.

5) To-Be Model의 효용

2000년대에 들어서면서 SUPEX 추구 시 지나치게 추상적이거나 막연한 목표 설정에서 오는 현실과 목표 간의 괴리를 극복하기 위해 SKMS에 To-Be Model이 새로 추가되었다. To-Be Model에서의 목표 설정은 궁극적으로 SUPEX 목표를 달성하기 위한 것임에는 틀림이 없으나, 시간적 개념이 희박했던 SUPEX 추구와는 달리 중기적인 목표를 설정하도록 만들어져 SK 구성원들이 좀 더 현실적인 SUPEX 추구를 하도록 만드는 데 기여하였다. 구체적으로 To-Be Model이 도입됨으로써 SK는 KPI(Key Performance Indicators) 중심의 시스템 경영으로 목표 설정, 실행 및 평가의 틀을 마련하는 데 커다란 진전을 이루었다. 그러나 현실적으로 SK 구성원들은 좀 더 세련된 KPI 개발의 필요성을 절감하고 있으며, 그 같은 방향으로 노력하고 있는 중이며, 그런 의미에서 SKMS는 계속해서 진화하고 있는 실체라고 생각된다.

To-Be Model과 관련하여 한 가지 특기할 만한 것은 To-Be Model이 기존의 경영전략 모형들(예컨대, Michael Porter의 5-Force Framework 또는

Resource Based View)과는 달리 전략 또는 계획 수립의 틀 내에 인간적인 요소(예컨대, 구성원 역량 발휘 극대화, SUPEX 추구 환경 조성 등)를 포함함으로써 다른 기업에 대비한 결정적인 경쟁우위를 확보하는 데 공헌할 수 있는 잠재성을 내포하고 있다는 점이다.

2. SKMS와 기업성과 간의 관계에 관한 실증 연구

경영학에서 기업문화와 기업성과 사이의 관계에 대해서는 많은 학자들이 관심을 가지고 연구해왔다(예컨대, Hofstede, 1986; Marcoulides, 1990). 그러나 SKMS는 성문화된 기업문화라는 독특성을 가지고 있으므로 이처럼 성문화된 기업문화의 체계가 과연 기업에서의 가시적인 성과를 얻는 데 도움을 줄 수 있는가에 대한 실증적 연구는 매우 흥미로운 주제라고 할 수 있다. 하영원 · 김진교(2008)는 이 문제에 대한 답을 얻기 위해 다음과 같은 네 가지 방법으로 접근하였다. 첫째, 대학생을 상대로 한 실험을 통해 SKMS를 학습한 집단과 학습하지 않은 집단 사이에 비즈니스 게임에서의 성과에 차이가 있는가의 여부를 보았다. 둘째, 시험에 참가했던 대학생들에게 설문을 실시한 결과를 사용하여 SKMS가 경영상의 효과를 가져온다면 어떤 메커니즘을 통해서 그것이 가능한지를 살펴보았다. 셋째, SK그룹 내에서 매년 실시하는 'SKMS 진단 평가' 설문에 대한 응답을 활용하여 실험에서 얻어낸 메커니즘이 실제로 작동하고 있는지를 살펴보았다. 넷째, 연구자들은 SKMS가 액수로 따져 어느 정도의 공헌을 하고 있는지를 시계열 분석을 활용한 이벤트 스터디(event study)를 통해 알아보았다.

하영원 · 김진교(2008)의 연구 결과에 의하면, SKMS에 관하여 근저에 있는 가치들(예컨대, 인간 위주의 경영, 경영문제 해결에 있어서 자발적이고 의욕적인 두뇌활용의 필요성) 위주의 교육을 실시한 결과, 교육을 받지 않은 집단에 비해 참가자 자신이 평가한 주관적 성과(전반적 성과의 우수성, 성과에 대한 만족도)뿐만 아니라 객관적인 성과(비즈니스 게임에서의 투자 수익률, 시장 점유율) 면에서도 우수한 성과를 올리는 것으로 나타났다. 또한 실험 참가자들에게 실험 후에 실시한 설문에 대한 응답을 분석한 결과, SUPEX 추구 계획 수립과 방법론 상의 개선이 성과의 개선을 가져오는 것으로 나타났으며, 이 같은 성과 상의 개선은 SUPEX 추구 환경 조성이 더 잘 이루어질수록 그 정도가 보다 크게 증폭되었다. 이 같은 결과는 SK그룹의 구성원들을 대상으로 2006년에 실시한 바 있는 SKMS 실천 진단 데이터를 활용해서 분석한 결과에서도 다시 한 번 입증되었다. 마지막으로 SKMS가 SK그룹에 공헌한 부분을 금액으로 산출해내기 위한 이벤트 스터디에서 밝혀진 바에 의하면, 2007년도 SK그룹의 총매출액 79조 원 중 약 13.9조 원(17.6%) 정도가 SKMS의 영향에 의한 것으로 나타났고, 2007년도 SK그룹의 총 이익 5.6조 원 중 약 9,900억 원 정도가 SKMS의 기여분으로 나타났다. 이 결과에서 특기할 만한 것은 SK그룹의 매출에서 M&A가 차지하는 기여분이 8.2조 원으로 추산되었던 것에 비해 SKMS의 기여분이 이를 훨씬 뛰어넘는 13.9조 원에 달하였다는 점이다. 이는 기업의 구조를 바꾸는 M&A와 같은 주요 의사결정에 비해, 기업 내에서 기업문화를 활성화시키는 것이 기업성과를 가져오는 데 어느 정도의 중요성을 갖는지를 잘 보여주는 결과라고 할 수 있다.

3. SKMS의 향후 과제

위에서 살펴보았듯이 SKMS는 SK그룹에 여러 측면에서 결정적인 공헌을 해온 것으로 보인다. 그럼에도 불구하고 SK그룹이 SKMS와 관련하여 아직도 풀어야 할 숙제가 남아 있다. 이를 요약해 보면, ① SKMS는 SK그룹의 구성원들이 좀 더 창의적으로 사고하는 데 하나의 제약이 되는 경우도 있으므로 이를 어떻게 SKMS의 실천에서 극복할 것인가 하는 문제, ② 일상 업무는 아직도 단기적인 성과 위주의 근시안적인 사고를 요구한다. SKMS는 이를 실천하기 위해 중장기적인 안목에서 상당히 이상적인 시각을 필요로 하기 때문에 일상 업무와 SKMS 사이에 괴리가 존재할 가능성이 상존하게 되는데 이를 어떻게 해결할 수 있는가의 문제, ③ 직급에 따라 경영상 필요로 하는 경영의 원칙이나 지식이 다를 수 있는데 SKMS는 SK그룹 내의 모든 임직원들을 대상으로 하는 경영체계이므로 직급에 따라 그다지 적절하지 않은 내용들이 포함될 수 있는 데서 오는 난점들을 어떻게 다룰 것인가 하는 문제 등이 가장 두드러진 문제점으로 제기될 수 있을 것이다. 각 문제와 해결 방향에 대해 상술하면 다음과 같다.

1) 구성원의 창의적 사고 제약 가능성 극복

SK그룹 내에서 시스템 경영을 강조하면서 SKMS의 실행 원칙들은 점점 더 정교화되고 구체화되어가고 있다. 특히 최근에는 SK그룹에서 SKMS를 각 계열사 차원에서 사별 실천요강을 만들어 실천해나가는 것을 시도하고 있기 때문에 SKMS의 실행 원칙들이 매우 구체성을 띠면서 구성원들에게 제시되고 있다. 이 같은 시도는 SKMS의 실천을 활성화시킨다는 면에서 바람직한 일이지만, 각 사별 실천요강에서 제시하는 SKMS의 실행 지침이 지나치게 세부적인 내용까지 다루게 되면 각 구성원들이 가진 창의적인 문제 해결능력을 제약할 가능성이 있다. 따라서 SKMS의 사별 실천요강을 작성할 때 업무에 관한 세부적인 내용까지 나열식으로 서술하는 것보다는 각 사별 특성에 맞게 SKMS를 실천하기 위한 원칙들 위주로 실천요강에 포함시키는 것이 바람직할 것으로 보인다. 특히 SKMS의 실천에 있어서는 To-Be Model의 활용이 핵심이라고 할 수 있으므로, 각 사별 실천요강에는 To-Be Model의 수립 및 실천에 어떻게 계열사의 특성을 반영할 것인가 하는 문제에 초점을 맞춰 구체적인 방법론 및 Best Practice의 예시 등이 주요 부분을 이룰 수 있도록 하는 것이 바람직할 것이다

2) 일상 업무와 SKMS 간의 괴리 해소

SKMS를 충실하게 실천하면 조직구성원의 역량이 제고되고, 그에 따라 높은 수준의 성과를 얻어 충분한 보상이 주어지는 일련의 선순환적 고리를 투명하고도 확실하게 정립할 필요가 있다. 이 같은 인과적 연쇄(causal chain)가 확립되지 않으면 구성원들은 SKMS의 실천보다는 당장 해결해야 하는 업무상의 문제들을 근시안적인 시각에서 접근하게 되며, 그에 따라 SKMS는 현실적인 경영의 지침이 아니라 일상 업무와는 괴리된 존재로 남게 될 것이다. 그러므로 SK그룹의 입장에서는 구성원들에게 SKMS의 실천이 곧 자신과 다른 구성원들 그리고 이해관계자의 행복과 직결된다는 것을 설득하는 한편, 제도적인 보완을 통해 그룹의 의지를 구성원들에게 알릴 필요가 있을 것이다.

SKMS를 구성원이 내재화하고 실천하는 일이 성과 보상과 연결되지 않을 때, SK그룹 내에서 SKMS의 실천력은 낮아질 수밖에 없다. 따라서 구성원의 업무와 SKMS와의 괴리를 극복할 수 있는 성과와 연결되는 SKMS 실행요소의 개발이 절대적으로 필요하다. 또한 그룹으로서는 각 구성원

의 업무수행에 있어 SKMS가 실질적으로 효용성을 갖는 사례들을 찾아내어 이를 교육하고 구성원들을 설득할 필요가 있다. 그리고 "의욕 관리"와 같은 동적 요소 실천의 내용을 지금보다 더 구체화하고 제도화하는 노력도 필요할 것이다.

3) SKMS의 직급에 따른 차등적 적용의 필요성

2009년 현재 SKMS의 내용은 리더의 역할을 강조하는 등 주로 경영자의 관점에서 기술되어 있기 때문에 현업의 일반적인 구성원보다는 상대적으로 중간관리자 이상의 구성원들에게 더 유용하다. 특히 SKMS의 내용 중에서 경영이념은 조직의 상위계층에게 더 중요하고 하위계층에게는 실행요소가 더 중요하다고 할 수 있다. 따라서 직급에 따라 SKMS의 내용 중에서 강조점을 달리하고 교육 내용을 차별화하는 노력이 필요하며, 평가항목 상의 중요도를 차등화하는 등의 보완도 필요할 것으로 보인다.

4. SKMS의 글로벌리제이션

SK그룹은 글로벌 무대에서 중추적인 역할을 수행하는 기업으로 성장하는 것을 목표로 하고 있으며 지금도 그러한 방향으로 나아가고 있다. 예컨대, 2007년의 SK그룹 매출액 중 37%가 해외 매출이었던 데 비해, 2015년에는 총매출의 54%를 해외에서 달성하는 것을 목표로 하고 있다. 따라서 SK그룹은 현재 중국 중심의 글로벌 비즈니스를 추진하고 있으며, 향후 미국 · 동남아시아 · 중남미 · 중동 등에서 사업영역과 규모를 대폭적으로 확대해나갈 계획이다. 이 같은 노력을 통해 SK는 국가 중심의 조직에서 지역 중심의 가치 사슬을 최적화하는 글로벌 메이저 플레이어

(global major player)로 성장하고자 하는 비전을 가지고 있다.

이 같은 비전을 달성해나감에 있어서 여러 가지 도전이 예상된다. 첫째, 국가 간 문화 및 가치관의 차이에 따른 경영 스타일의 차이를 어떻게 극복할 것인가 하는 문제. 둘째, 전 세계 SK 조직의 장기 경영 계획이나 비전을 어떻게 정렬(align)시켜나갈 것인가의 문제. 셋째, 전 세계 SK 조직의 경쟁 우위 및 SK Way를 어떻게 신속하게 전파하고, 학습시켜나갈 것인가의 문제. 넷째, 국경을 넘는 M&A에 다른 통합 이슈의 관리 문제. 다섯째, 세계 전 지역에 위치한 다각화된 사업영역 간의 시너지 창출을 어떻게 유도할 것인가의 문제 등이 그것이다. 이 같은 문제들을 해결해나가는 데 있어서 SKMS는 매우 유용한 도구가 될 수 있을 것으로 보인다. 다음에서는 이 같은 문제를 해결해나가는 데 도움을 주기 위해 SKMS는 어떤 방향으로 진화해나가야 할 것인가를 위주로 기술하고자 한다.

1) SKMS 글로벌 비전의 개발

SKMS를 전 세계적으로 확산해나가기 위해서는 우선 SKMS를 해외에서도 전달할 수 있는 수단이 전제되어야 한다. 2009년 현재 이미 SKMS의 영문판과 중국어판은 번역이 되어 나와 있기는 하지만, SKMS를 읽어본 외국인들의 반응은 양이 방대할 뿐만 아니라 구성원의 행동을 유도할 수 있는 SKMS 실천의 구체적인 지침이 되는 부분이 미흡하다는 의견이었다. 따라서 SKMS의 글로벌 비전은 단순히 SKMS를 외국어로 번역하는 데 그치지 말고 SK만이 가지고 있는 독특한 가치와 행동지침 위주로 재구성할 필요가 있다고 판단된다. 이를 위해서는 기존의 SKMS의 구조를 기업 이념, SK Values, SK의 경영원칙 등 보다 핵심적인 부분 위주로 간결하게 만들어 세계 여러 나라의 SK 구성원들에게 공통적으로 어필할 수 있는 내용을 중심으로 구성하는 것이 중요하다고 하겠다. 그리고 각 문화권별로 독특한 사정이 있는 내용들은 향후 각 문화권별로 실천요강을 만들 때 상세하게 기술할 수 있도록 해야 할 것이다.

2) SKMS 글로벌 교육의 방법

전 세계에 걸친 SK 조직에 SKMS를 전파하기 위해서는 SKMS 글로벌 비전의 개발과 함께 SKMS 교육을 담당할 수 있는 강사요원의 양성이 필수적인 과제라고 하겠다. SKMS의 글로벌한 수준에서의 전파는 SKMS에 이미 친숙한 한국인 SK 구성원들 중에서 선발하는 것보다는 SK에서 근무하여 SK 문화를 잘 이해하는 현지인들 중에서 선택해 양성하는 것이 바람직할 것이다.

SKMS의 실천을 전 세계적인 SK 조직에서 활성화하기 위해서는 단계적인 접근이 필요할 것으로 판단된다. 첫째, SKMS가 가지고 있는 핵심가치를 공유하고 확산시키는 단계이다. 이 단계에서는 SKMS에 대한 구성원의 이해도를 높이는 것이 중요하며, 이를 위해서 현지인 강사들을 확보하고 이들로 하여금 주입식 교육보다는 SKMS의 저변에 깔려 있는 가치를 충분히 소화하여 교육하도록 해야 한다. 둘째, SKMS에 대한 입체적인 이해를 바탕으로 구성원들이 이를 자기 것으로 받아들여 체화하고, 더 나아가 SKMS의 실천을 행동으로 옮기는 단계이다. 이 단계에서는 현지 구성원들에게 To-be Model을 적용할 수 있도록 사례 위주의 교육을 집중적으로 실시할 필요가 있을 것이다. 그와 병행하여 지식 경영의 시각에서 글로벌 온라인 툴(tool)을 개발하여 구성원들 사이에 자연스럽게 SKMS의 실천에 관한 노하우를 공유하도록 하고 이에 대한 지원 및 보상이 이루어지도록 하는 것이 중요하다. 셋째, 현지에서 각 문화권에 맞는 SKMS 실천요강을 작성하도록 하는 단계이다. 이는 현지 조직에서 구성원들이 SKMS를 이해하고 실천하는 능력을 배양했다는 것을 전제로 하는 것이며, 지속적으로 SKMS의 실천을 진단하고 자체적으로 개선해나가는 단계를 말한다. 이 같은 단계적인 접근을 통해 SKMS를 전 세계 어디서나 SK 구성원들이 자기 것으로 받아들여 체화한 다음 실천하도록 하는 것이 중요할 것이다.

5. 요약 및 결론

이 장에서는 SKMS가 지금까지 SK그룹 내 기업성과에서 구체적으로 기여한 바는 무엇인가를 살펴보고 그 같은 기여가 실증적으로도 입증될 수 있는가를 살펴보았다. SKMS는 SK그룹 내에서 ① 커뮤니케이션을 원활하게 하는 촉매제가 되고 있으며, ② M&A 시에 문화적 통합을 촉진함으로써 마찰을 최소화하는 효과를 가져왔고, ③ 경영관리 측면에서 구성원들의 경영지식을 체계화하는 데 기여했을 뿐만 아니라, 동적 요소 관리를 통한 구성원들의 자발적 두뇌활용에 많은 자극을 주었던 것으로 평가되며, ④ 업무의 안정적 연속성을 확보하는 데 도움을 주었고, ⑤ To-be Model이라는 틀을 제공함으로써 SK그룹 내에서 KPI 중심의 시스템 경영이 자리 잡는 데 결정적인 기여를 하였다. 이 같은 SKMS의 기여는 하영원 · 김진교(2008)의 연구에서 볼 수 있듯이 실증적으로도 그 존재가 입증되고 있으며, 그 기여분은 2007년의 경우에 액수로 따져 약 13.9조 원에 달하는 것으로 추산되고 있다.

이 같은 기여에도 불구하고 SKMS는 진화하는 실체로서 앞으로 개선되어야 할 여러 가지 문제점을 안고 있는 것으로 보인다. 예컨대, ① 구성원들이 SKMS라는 짜인 틀 내에서 행동하기 때문에 SKMS가 구성원의 창의성을 제약하는 요소로 등장할 수 있으며, ② 구성원의 일상 업무와 SKMS

의 실천이 별개로 생각되면서 둘 사이의 괴리가 있을 수 있고, ③ SKMS는 조직 내의 리더 위주로 기술되어 있기 때문에 똑같은 내용이 모든 구성원들에게 같은 비중을 가지고 교육되고 적용되는 데서 오는 괴리감이 있을 수 있다. 이 같은 문제점을 해소하기 위해서는 ① SKMS의 사별 실천요강을 작성하는 단계에서 지나치게 구체적인 내용을 포함시키기보다는 각 사가 당면하고 있는 특유의 환경에 맞도록 SKMS의 정신을 구현해나갈 수 있는 방법론과 베스트 프랙티스(Best Practice) 위주로 기술해나가는 것이 바람직할 것으로 보이며, ② SKMS의 실천이 곧 최선의 업무처리 방법이라는 것을 구성원들에게 이해시키고 이에 걸맞은 평가 보상 시스템을 마련하는 것이 중요하고, ③ 조직의 상위계층에게는 경영이념과 리더십의 중요성을 더 강조하고 하위계층에게는 실행요소에 중점을 두는 등 SKMS의 내용 중 강조점을 직급에 따라 달리하는 것이 바람직할 것이다.

또한 빠른 속도로 세계화되어가는 SK 조직에서 SKMS가 지속적으로 커다란 기여를 하기 위해서는 ① 기존 SKMS의 단순 번역이 아닌, SK 특유의 가치와 행동지침 위주로 간결하면서도 이해하기 쉬운 SKMS 글로벌 비전을 만드는 일이 시급하고, ② SKMS의 단순 이해에서 SKMS의 체화 및 실천, 더 나아가서는 각 문화권에 맞는 SKMS 실천요강을 만들 수 있는 단계에까지 진화해나가는 단계를 상정하고 이에 걸맞은 현지인에 대한 교육과 SKMS의 적용이 이루어질 수 있도록 하는 것이 중요할 것이다.

참고문헌

하영원 · 김진교 (2008), 「SKMS가 SK그룹의 성과에 미친 영향에 관한 평가」, 고 최종현 회장 10주기 추모 학술대회 발표 논문.

Hofstdede, G. (1986), "The Usefulness of the Organizational Culture Concept", *Journal of Management Studies* 23(3), pp. 253~258.

Marcoulides, G. A. (1990), "Organizational Culture and Performance: An Empirical Study Using Structural Equation Modeling", *Proceedings of the Decision Sciences Institute* 1, pp. 1414~1416.

Schein, E. (1992), *Organizational Culture and Leadership*, San Francisco: Jossey-Bass.

제6장

기업의 사회적 책임과 SKMS의 역할

본 장에서는 기업의 사회적 책임(Corporate Social Responsibility: 이하 CSR)에 대한 일반적인 이론들과 CSR을 수행하는 이유들을 거론한 다음 사회적 책임을 완수하려는 기업의 노력들을 사례별로 소개하고, 그 중 SKMS가 갖는 사회적 책임성에 대해서 거론하고자 한다. 21세기 경영환경에서 사회적 책임성은 그 무엇보다도 강조되는 경영 화두 중 하나이다. 이러한 점을 고려할 때 과연 기업들의 책임은 무엇인지, 어떤 방법으로 그 책임을 수행하는지, 그리고 SKMS라는 특정 기업의 경영기법이 과연 사회적 책임 측면에서 어떤 의미가 있는지 토론해보도록 하겠다.

1. 기업의 사회적 책임에 대한 이론적 시각들

기업의 사회적 책임을 보는 시각은 효율중심주의 시각(efficiency perspective)과 사회적 책임 시각(social responsibility perspective)이라는 양극단으로 나눌 수 있다. 효율중심주의를 주장하는 자유주의적 시각으로

보자면 사실 기업의 사회적 책임은 고용과 생산을 통해 국가경제에 이바지하고 기업이윤에 대한 세금을 냄으로써 나라 재정을 돕는 것만으로도 충분하다. 일부 공기업들이 엄청난 적자를 기록하면서도 국민의 혈세를 계속 낭비하고 방만한 경영을 지속하는 것을 보면 이런 효율중심주의적 시각에 어느 정도 동의하게 된다. 즉, 비효율적인 기업은 시장 메커니즘에 맡겨 퇴출시키고, 건전한 고용으로 실업을 줄이고, 이윤을 냄으로써 세금을 꼬박꼬박 내는 기업만 존재시킴으로써 기업의 사회적 책임은 완수된다고 할 수 있는 것이다. 경제학의 아버지인 애덤 스미스(Adam Smith)는 아마도 이러한 시각의 시조(始祖) 격에 해당된다고 할 것이다. 이미 200여 년 전에 스미스는 사회 전체의 이득을 늘리는 가장 확실한 방법을 자유주의적인 시각에서 제시하였다. 그것은 자원을 개개 기업의 손에 쥐어주고 시장으로 하여금 부족한 자원을 분배하도록 함으로써 사회의 요구를 충족하는 것이다(Smith, 1993).

스미스가 이러한 효율중심주의적 시각의 원시조라면 노벨경제학상 수상자인 밀턴 프리드먼(Milton Friedman)은 아마도 이러한 시각을 중흥시킨 중시조쯤 될 것이다. 프리드먼에 따르면 '기업의 사업은 사업이다'(the business of business is business)라는 것이다(Friedman, 1970). 즉 기업인의 책무는 기업경영을 잘하여 이윤을 잘 내는 것으로 충분하다는 것이다. 프리드먼은 1970년 『뉴욕타임즈매거진』(*The New York Times Magazine*)에 기고한 글을 통하여 기업의 사회적 책임을 주장하는 사람들을 겨냥하여 신랄한 비판을 가하였다. 프리드먼은, 기업은 일단 사람과 달리 인공의 개체(artificial person)이므로 책임이라는 말이 성립하지 않는다고 주장한다. 또한 현대 주식회사에서 기업을 실질적으로 운영하는 경영자들은 주주의 위임을 받아 기업을 경영하는 것이므로 무엇보다도 주주의 이익을 극대화하는 것에 최선을 다해야 한다는 것이다. 즉 기업의 사회적 책임을 다

한다는 것은 극단적인 의미에서는 경영자가 주주를 상대로 하는 배임행위라는 것이다. 경영자가 기업의 한정된 잉여소득을 주주를 위해서가 아닌 '사회적 책임'을 다하는 데에 써버리는 것은 주주의 이익에 충실히 부응하지 못하는 것이기 때문이다.

어느 정도는 이런 자유주의적인 시각에 영향을 받아, 미국식 경영교육을 받은 우리나라의 많은 경영학 교수들은 지난 50여 년 동안 강의실에서 '경영자의 제1목표는 주주의 이익을 극대화시키는 것'이라고 가르쳐왔다. 물론 이 가르침은 현재에도 유효하다. 그러나 그렇다고 해서 프리드먼의 가르침을 좇아 기업의 사회적 책임이라는 말을 터부시하는 것은 너무나도 '정치적으로 올바르지 않은'(politically incorrect) 일이 되어버렸다. 지난 십여 년 동안 기업의 사회적 책임은 어느덧 기업이 당연히 완수해야 하는 필수 항목처럼 된 것이다.

이러한 기업의 사회적 책임을 주장하는 시각에서는 기업은 그 소속 사회가 없으면 존재할 수 없다고 주장한다. 따라서 기업은 그 사회에 의무와 빚을 지고 있다는 것이다. 그러므로 프리드먼 같은 효율중심주의자들이 주주의 이익을 극대화시키기 위해서 기업이 최선을 다해야 한다는 주장은 기업의 사회적 책임을 주장하는 시각과는 얼마간 상충하는 면이 있다. 기업이 사회적 책임을 다하려면 필연적으로 어느 정도는 주주의 이익을 희생해야 할 것이기 때문이다. 얼핏 보기에 이는 사유 재산의 인정이라는 자본주의의 근간을 흔드는 주장으로 보인다. 그러나 기업의 사회적 책임 시각에 따르면 이러한 논리는 바로 현대의 주식회사라는 기관을 받쳐주는 유한책임(limited liability) 제도와 관련이 있다.

유한책임 제도에 따르면, 기업의 채권자는 기업이 도저히 갚을 수 없는 거대한 부채를 져도 그 기업의 주인, 즉 주주로부터 그들이 출자한 금액 이상의 돈을 추징할 수 없다. 즉 주주들은 기업 파산 시에 자신이 출자한 부분만큼만 책임을 짐으로써 그 책임을 다하는 것이며, 자신들이 인수한 주식의 인수가액을 한도로 재산상의 출자의무를 질 뿐 그 밖의 아무런 의무도 지지 않는다. 기업의 사회적 책임을 주장하는 사람들에 따르면, 유한책임이라는 이러한 주주 보호장치는 일종의 특권(privilege)으로서, 그 기업이 속한 사회가 해당 기업에게 부여한 것이지 주주에게 부여한 특권은 아니라는 것이다. 그러므로 기업의 이익을 분배할 때 오로지 주주만이 자신의 몫을 요구하는 목소리를 내는 것은 잘못된 일이라는 것이다. 그 기업에게 유한책임이라는 특권을 부여한 사회도 나름의 목소리를 낼 자격이 있으며, 따라서 기업은 주주에게만 책임이 있는 것이 아니라 그 사회에도 책임이 있다는 주장이 성립한다.

이러한 사회적 책임을 주장하는 사람들은 주주를 포함한 기업의 다양한 이해 당사자, 즉 스테이크홀더(Stakeholder)를 만족시켜야 한다고 주장한다. 스테이크홀더는 기업의 성과에 영향을 받고 기업의 부에 공헌하거나 그 부를 나눠가질 권리가 있는 집단으로 크게 자본시장의 스테이크홀더(주주, 채권자, 주거래 은행 등), 조직의 스테이크홀더(경영자, 직원), 그리고 제품시장의 스테이크홀더(주 공급자, 주 소비자 등)로 나뉠 수 있다. 이러한 다양한 스테이크홀더를 만족시킴으로써 기업이 얻는 이익은 단순히 좋은 기업이라는 이미지만이 아니라 장기적인 기업성과로 이어진다는 것이 기업의 사회적 책임을 주장하는 사람들의 견해이다.

실제로 미국 · 유럽 등의 국가에서는 CSR을 잘 수행하는 기업의 주가 변동 상황만을 묶은 사회책임투자(Socially Responsible Investment: 이하 SRI) 지수를 만들었는데 대개의 국가에서 SRI지수 상승률은 일반 주가지수 상승률보다 높다고 한다. 한국 거래소도 미국 · 유럽의 선진국 주식시장을 모방하여, CSR을 잘 수행하는 국내의 70개 주요 기업을 묶어 SRI를 2009년 9월초에 발표하였다. 한국거래소의 SRI지수는 환경 · 사회 · 지배구조 등 기업의 지속 가능성에 영향을 미치는 요소들을 비재무적 관점에서 평가한 후 우수 기업을 대상으로 산출한 지수이다. 이 지수에 포함된 70개 기업의 2008년 9월부터 1년간의 주가 상승률은 94.7%로 같은 기간 코스피 지수 상승률 74%보다 확연하게 높았다.

물론 이러한 사실을 갖고 기업들이 '착한 활동'을 많이 하면 주가 상승률이 높아진다는 주장의 근거로 삼는다면 그것은 지나친 논리의 비약일 것이다. 이러한 SRI지수 포함 기업들은 원래부터 우량 기업들이고 이러한 우량 기업들은 다른 기업들에 비해 CSR 면에서도 앞서간다는 역인과 관계의 가능성이 존재하기 때문이다. 즉 착한 기업이기 때문에 재무성과가 좋은 것이 아니라, 원래부터 재무성과가 우량한 기업들이 착한 일도 많이 할 여력이 있을 것이라는 반론이 가능하다. 실제로 한국거래소에서 사용한 SRI 산출 근거를 보면, 기본적으로는 환경적 요인, 사회적 요인, 지배구조 등의 요인들로 구성되어 있지만, 유동비율과 거래대금 면에서 유동성 기준을 만족해야 하고, 같은 SRI 등급일 경우 시가총액이 많은 기업이 우선적으로 선정되는 등, 재무적으로 우량한 기업이 선정될 가능성이 높다는 것을 알 수 있다. 따라서 단순히 SRI지수와 주가 상승률의 높은 상관관계만을 보고, 기업성과를 향상시키기 위해 CSR을 잘해야 한다고 말한다면 그것은 과학적 근거가 부족한 주장이라고 하겠다. 그렇다면 만약 주가 상승률 같은 재무적 실익이 완벽히 보장되지 않는다면 기업이 CSR을 굳이 해야 하는 이유는 무엇일까? 다음 절에서는 기업들이 CSR을 해야만 하는 이유들을 종류별로 분석하였다.

2. 기업이 사회적 책임을 수행하는 이유

마이클 포터(Michael Porter)와 마크 크레이머(Mark Kramer)는 2006년 『하버드 비즈니스 리뷰』에 발표한 논문에서 기업들이 CSR을 하는 이유라고 여겨지는 네 가지 전통적 요인을 정리하여 설명하였다. 첫째는 도덕적 책임감(moral obligation), 둘째는 지속성(sustainability), 셋째는 경영할 수 있는 '자격'(license to operate)의 획득, 넷째는 명성(reputation)이라는 것이다. 이들 중 가장 기본적인 이유인 도덕적 책임감이란, 기업 구성원은 사회의 착한 시민들로서 옳은 일을 해야 한다는, 지극히 당위론적인 CSR의 이유를 담고 있다(Porter and Kramer, 2006).

두 번째 이유인 '지속성'은 노르웨이의 수상 그로할름 브런트란트(GroHarlem Brundtland)의 주도로 작성된 UNEP 산하의 '환경과 개발에 관한 세계위원회'(WCED: World Commission on Environment and Development)가 1987년 4월에 발표한 「우리의 공동 미래」(Our Common Future)라는 보고서에 잘 나타나 있다. 이 보고서는 지속 가능한 개발의 의미를 "미래 우리 후손들이 필요로 하는 욕구를 충족시킬 수 있는 능력과 여건을 저해하지 않으면서 현세대의 욕구를 충족시키는 개발"로 정의하였다. 즉, 현재를 살아가는 우리들을 위해서 어느 정도의 경제개발은 불가피하지만 그런 개발이 생태계의 수용 능력을 초과하지 않아서 다음 세대가 필요로 하는 자원과 공간을 훼손하는 일이 없어야 한다는 의미이다.

세 번째의 이유인 경영할 수 있는 '자격'의 획득이란 모든 기업들이 결국 그 사회와 국가로부터 사업을 할 수 있는 허가를 받고 운영하는 것이므로 그 사회와 국가에 채무가 있다는 것이다. 이 이유는 전 절에서 기업의 사회적 책임을 주장하는 사람들이 내세운 이유, 즉 주주들에게 오로지 유한책임(limited liability)만 지우는 것은 기업에 대한 혜택이므로 기업은 그에 대한 대가를 사회에 지불해야 한다는 것과 같은 맥락의 주장이다. 네 번째의 이유는 결국 CSR 활동을 통해서 쌓아올린 기업의 명성이 기업 이미지나, 브랜드 파워, 구성원의 사기를 진작시켜 궁극적으로는 기업 주가에까지 긍정적인 영향을 주지 않겠느냐는 지극히 현실적인 이유이다. 이러한 명성을 쫓는 CSR 전략은 앞서 말한 대로 CSR과 기업 재무성과와의 직접적인 인과관계가 증명된 바 없지만 일종의 보험 성격으로서, 마치 위험관리 방법의 하나로 CSR을 수행하는 것이라고 하겠다.

포터와 크레이머는 위에 적시한 CSR을 수행해야 하는 네 가지의 이유가 모두 얼마간 기업과 사회와의 제로섬 게임 관계를 전제로 하고 있다고 주장한다. 실제로 네 번째의 이유를 제외한 나머지 이유로 수행하는 CSR은 기업의 당장의 이익에는 오히려 해가 되면 되었지 득이 될 수는 없을 것이다. 포터와 크레이머는 이러한 요인들로 CSR을 수행하는 것은, 기업과 사회와는 어느 정도 긴장관계가 있다는 것을 전제로 하는 것이며, 위에서 제시한 네 개의 이유는 결국 그런 긴장관계를 해소해야 하는 원론적 근거들을 제시하는 데에 그치고 있다고 지적하였다. 따라서 단순히 이런 이유들, 즉 도덕적 책임감, 지속성, 경영할 수 있는 '자격', 명성의 유지라는 이유 때문에 CSR을 수행한다면, 그것은 해당 기업에게 가장 중요한 사회적 이슈들을 파악하고 그 최우선 순위를 정하는 데에는 별 도움이 안 된다는 것이 포터와 크레이머의 주장이다.

사회적 이슈의 우선순위를 파악하기 위해 포터와 크레이머는 그 이슈들을 세 부류로 나누어보라고 주장한다. 즉 우리 기업의 운영이나 장기적인 경쟁력에 별로 영향을 받지 않는, 빈부 격차나 불우이웃 등의 본원적 사회적 이슈들(generic social issues), 그리고 해당 기업이 행하는 사업의 가치사슬에 어느 정도 영향을 받는 사회적 이슈들, 마지막으로 우리 기업 경쟁력에 직결되는 최우선의 사회적 이슈들이다. 예를 들어 볼보 같은 기업은 자회사의 이미지를 '안전한 차를 만드는 기업'이라고 포지셔닝을 함으로써 회사의 경쟁력이 CSR과 직결되는 효과를 갖는다는 것이다. 비슷한 예로 최근 토요타 같은 일본 자동차 기업들은 하이브리드 기술을 앞세움으로써 환경보호에 앞장서는 기업이라는 이미지와 하이브리드 차 판매라는 두 마리 토끼를 동시에 잡는다고 하겠다(Porter and Kramer, 2006). 즉 21세기의 기업은 단순히 기업 이미지나 정부나 지역사회의 압력 때문에 CSR을 하는 것이 아니라, 기업 자체의 경쟁력 향상이 곧 기업의 사회적 책임완수로 이어지는 윈윈 형태의 CSR 전략을 수립할 필요가 있다고 하겠다.

3. 기업의 사회적 책임완수의 다양한 형태들

기업의 사회적 책임이 현실로 나타난 가장 흔한 형태는 기업이나 그 기업의 설립자가 자선재단 설립을 통해 그야말로 그 부(富)를 '사회에 환원'하는 것이다. 세계 최고의 부자라는 빌게이츠 마이크로소프트 회장(비상근)은 세계 최고의 기부자이기도 하다. 빌게이츠가 설립한 빌&멜린다 게이츠 재단(이하 게이츠재단)의 자산은 2009년 기준으로 약 302억 달러로 세계 최대의 자선단체이다. 게이트재단은 저개발국 의료지원, 저개발국 개발사업, 미국 내 교육지원 등 크게 세 가지 사업에 지원을 집중한다. 단 이러한 지원은 마이크로소프트라는 주식회사가 출연한 돈으로 이루어지는 것이 아니라 빌 게이츠와 워런 버핏 같은 재산가들이 출연한 개인 재산으로 이루어진다.

게이츠재단에서 보듯이 미국에서는 사회 풍토상 기업보다는 기업인이 출연한 재단이 출연한 재단이 주를 이루는데 헨리 포드의 아들이 설립한 포드재단, 존슨앤드존슨 설립자의 아들이 만든 로버트 존슨 재단, 인텔 설립자 부부가 만든 고든&베티 무어 재단 등이 그 대표적인 예이다. 이렇게 기업보다는 개인이 설립한 재단이 많은 이유는 기업의 기본 의무는 주주의 이익을 극대화하는 것이지 부의 사회 환원이 아니라는 사상이 뿌리 깊기 때문일 것이다. 즉 개인 소유의 재산은 소유자의 의지대로 자선사업에 쓸 수 있지만 기업의 재산은 일개 기업인이나 설립자가 좌지우지하는 것이 아니라 주주 전체의 동의를 얻어야 하기 때문이다. 그러나 이런 재단들이 비록 개인이 설립했다고 하더라도 이러한 재단들의 자선활동은 그 설립자가 연관된 기업의 이미지 상승으로 이어진다. 게이츠재단의 활동은 마이크로소프트가 착한 기업이라는 이미지를 대중에게 심어주는 것이다. 이러한 기업의 이미지 상승효과는 장기적으로 기업경영에 도움이 될 것이다.

국내의 기업들도 이러한 경향에서 결코 세계의 흐름에 뒤처지는 편은 아니다. 국내 기업들은 사회공헌활동 예산을 해마다 크게 늘리는 추세이다. 2008년 국내 주요 200개 기업의 사회공헌활동 예산이 사상 처음으로 2조 원을 넘어섰다. 2002년의 1조 원 수준에서 6년 만에 두 배로 늘어난 것이다. 국내 기업들의 CSR 관련 지출액은 그 기업 규모를 고려할 때 선진국 기업에 비해 더 큰 편이다. 전국경제인연합회 조사에 따르면 2006년 한국 기업의 사회공헌활동 지출 금액이 매출액에서 차지하는 비중은 0.28%로 0.12%인 미국이나 일본 기업에 비해 두 배 이상 높았고 세전이익 대비 CSR 투자금액도 2.83%로 미국(0.88%)과 일본(1.83%)을 압도했다(송형석, 2009).

그리고 실제로 이러한 투자가 어느 정도는 기업 이미지 상승으로 이어진다는 분석도 있다. 대한상공회의소가 2009년 7월에 2,027명을 대상으로 실시한 설문조사에 따르면 2009년 상반기 기업호감지수는 100점 만

점에 50.2점으로 나타났다. 2008년 하반기(48.1점)에 비해선 불과 2.1점 높아진 것이지만, 2004년 상반기의 39.1점에 비하면 많은 발전을 이룬 셈이다. 물론 이것이 기업의 CSR 활동 때문에 상승한 것이라고 단언하기에는 무리가 있을 것이다. 사회의 전반적인 분위기의 변화 등 기업호감지수에 영향을 주는 다른 요인들이 너무 많기 때문이다. 한편 기업의 사회공헌활동도 예전처럼 재단을 통한 자선사업이나 장학사업뿐 아니라 의료봉사, 자원봉사활동 등으로 다양해지는 추세이다.

예컨대 SK텔레콤은 베트남에서 어린이들의 얼굴 기형을 고쳐주는 의료봉사활동을 펼친다. 세민얼굴기형돕기회와 함께 1996년부터 14년째 베트남에서 '언청이'라고 불리는 어린이 얼굴 기형을 치료해주는 사업을 벌이고 있다. 또한 모그룹인 SK에서는 2005년부터는 행복도시락 사업을 진행하고 있다. SK의 행복도시락 사업은 결식이웃에게 도시락을 제공하고, 도시락을 만들거나 배달하는 인력을 근로빈곤층에서 채용함으로써 소외계층에게 일자리를 통해 자립 기회를 제공하는 사회적 기업 지원 프로그램이다. 이러한 방법은 사회에 물고기를 던져주어 사회의 부를 확대하여 배를 부르게 함으로써 사회적 책임을 지는 방법이라고 하겠다.

반면 기업이 돈이 아닌, 가지고 있는 다른 능력으로 사회에 환원하는 CSR 수행 방법도 존재한다. 미국 굴지의 항공 · 우주 · 방위산업체인 보잉은 '보잉의 재능'을 사회에 기부함으로써 사회적 책임을 수행한다. 업종 특성상 수학과 과학 분야의 교육시스템이 뛰어나다는 점에 착안해 교사들에게 효과적인 교수법을 전해주는 것이다. 보잉은 1992년부터 수학 · 과학 담당교사들을 미국 앨라배마 '스페이스 캠프'에 초청하고 있다. 교사들은 이곳에서 일주일간 우주인 훈련을 체험하고 수학 · 과학을 재미있게 가르치는 교수법을 배운다(이성훈, 2009). 보잉은 대한항공과 아시아나(여객기), 대한민국 공군(F-15 등의 전투기) 등의 대형 고객이 있는 한국에서의 CSR을 위해서 2007년부터 서울과학고등학교 교사를 이 캠프에 초청하고 있다. 2011년부터는 서울시내 고등학교 과학 교사들을 대상으로 새로운 과학 트렌드와 교수법을 제공하는 '과학 교사 개발 연수 프로그램'도 진행한다.

이러한 형태의 CSR 활동 측면에서도 SK는 SKMS의 가치관을 이어받아 국내 기업으로서는 선구적인 움직임을 보이고 있다. SK그룹은 2009년 9월에 전문 자원봉사단 'SK 프로보노'를 설립했다. SK 프로보노는 일반 자원봉사단과 달리 전문적인 지식이나 기술 및 자격을 갖추고 있는 SK 구성원이 자발적으로 참여해 사회적 기업이나 단체를 지원하는 전문 자원봉사단이다. 즉 SK그룹의 법률 · 재무 · 인사 · 마케팅 등 전문성을 갖춘 SK 구성원이 참여해 비정부기구나 사회적 기업의 자립과 성장을 지원하고, 이들을 통해 체계적으로 사회 변화를 지원하는 역할을 하는 것이다. 예를 들어 사회적 기업이나 비정부기구를 대상으로 경영 컨설팅 서비스를 제공하기도 하고, 사회적 기업이 자립 · 성장할 수 있도록 SK그룹의 온라인 및 오프라인 교육 인프라를 통해 교육서비스를 제공할 계획이다. 사회적 기업이나 NGO들에게 고가의 전문서비스인 법률 자문, 세무 상담, 판매관리 시스템 구축 등을 해주는 방식이다. SK나 보잉의 예는 사회에 물고기를 던지는 것이 아니라 물고기를 잡는 방법을 제시함으로써 기여하는 CSR의 전형을 보여준다.

4. SKMS와 기업의 사회적 책임

본 장의 앞의 3절에서는 여태까지 기업의 사회적 책임을 둘러싼 일반적 이론들과 사회적 책임을 수행하는 이유, 그리고 CSR의 다양한 형태 등을 알아보았다. 이번 절에서는 SK그룹의 경영 매뉴얼인 SKMS가 갖는 사회적 의미와 그것이 SK의 CSR에는 어떤 의미를 갖는지를 논의하고자 한다.

SKMS는 그 서두에 제시하는 기업관을 통해 이미 기업의 존재이유를 경제와 사회 발전에 이바지하여 인류 행복에 공헌하는 것으로 명시하였다.

> 기업은 안정과 성장을 지속적으로 이루어 영구히 존속 · 발전하여야 한다. 이를 통하여 고객, 구성원, 주주에 대한 가치를 창출함으로써 사회 · 경제 발전에 핵심적인 역할을 수행하여야 하며 나아가 인류의 행복에 공헌하여야 한다. (SK Group, 2008, p. 11)

이러한 기업관을 지탱하는 SK의 기본 가치는 다양한 종류의 이해관계자를 만족시키기 위한 다양한 노력을 기울이는 것이다. 앞서 거론된 프로보노 사업이나 행복도시락 사업 등은 SK가 사회에 기여하는 작은 예들이다.

> 기업은 경제 발전에의 기여와 함께, 사회적 · 문화적 활동을 통하여 사회에 공헌하며, 사회 규범과 윤리 기준에 맞는 경영을 하도록 최선을 다하여야 한다. (SK Group, 2008, p. 11)

위의 구절은 기업의 사회적 책임뿐 아니라 윤리 기준에 맞는 경영을 강조함으로써 SK의 지향점이 어디에 있는지를 명확하게 보여준다. 또한 Corporate Relation이라는 별도의 절을 통해서 다음에 보듯이 기업의 다양한 스테이크홀더를 만족시킬 수 있는 방법론을 구체적으로 거론하였다.

> 기업의 안정과 성장을 위해서는 다양한 이해관계자와의 관계가 중요하다. 특히 CR의 대상이 되는 이해관계자는 고객(Customer Relations), 구성원(Employee Relations), 주주(Investor Relations), 정부(Government Relations), 비즈니스파트너(Biz. Partner Relations), 일반 공중(Public Relations) 등으로 구분할 수 있다. (SK Group, 2008, p. 44)

이 절에서 특히 눈여겨보게 되는 구절은 "회사의 전략을 바탕으로 장기적이고 균형적인 시각에서 이해관계자와의 우호적인 관계를 구축하는 것을 말한다"라는 대목이다(SK Group, 2008, p. 44). 앞서 제시한 대로 기업의 사회 환원과 이윤추구 활동은 반드시 제로섬 게임인 것은 아니다. 마이클 포터와 마크 크레이머는 이 두 가지를 공존시키면서 윈윈할 수 있는 방법을 제시하였는데 그것은 바로 기업의 핵심역량이 바로 사회에 기여할 수 있는 방안을 찾는 것이다(Porter and Kramer, 2006).

앞서 거론한 대로 볼보의 '안전한 차를 만드는 기업'이라는 이미지나 토요타의 '하이브리드 기술의 선구자'라는 이미지는 기업의 핵심역량 자체가 이미 CSR을 수행하는 데 큰 역할을 한다. 토요타의 프리우스는 현존하는 하이브리드 양산 차 가운데 가장 상업적으로 성공한 모델이다. 연료 효율성이 높으면서도 중형차 수준의 거주공간을 제공한다. 판매가격 또한 미국 시장에서 22,000달러, 일본 시장에서 200만 엔 대 초반으로서 중형차 수준이다. 미국의 많은 주에서 프리우스의 운전자는 혼자서도 카풀 차선을 달릴 수 있으며 많은 나라에서 이 차를 사면 세제 혜택을 준다. 또한 차의 주인은 '나는 지구를 구한다'라는 기분으로 운전할 수 있는 것이다.

그렇다면 과연 SK가 핵심역량의 배양과 CSR을 동시에 증진할 수 있는 방법은 무엇일까? SKMS에서 주장하는 바에 따르면 기업경쟁력을 좌우하는 가장 중요한 변수는 사람, 즉 인재를 알아보고, 키우고 그들의 능력을 극대화하는 것이었다. SK는 창립 초창기부터 국내 기업으로서는 선구적으로 인재육성에 앞장섰다. 1973년부터 「장학퀴즈」의 스폰서로서 인재를 키우기 위해 시작한 장학사업은 현재 중국에서도 중국판 장학퀴즈의 후원을 통해 엄청난 화제를 모으며 진행 중이다. 1974년 출범한 한국고등교육재단은 최종현 회장 개인 소유의 선경합섬과 (주)선경의 주식 출연을 통해 만들어졌다. 이 재단에서 지원받은 유학생들 중 2008년까지 35년 동안 452명의 박사가 배출되었다. 향후의 SK의 과제는 이렇게 장학사업을 통해 배출한 인재들을 어떻게 SK의 자산으로 끌어안아 기업경쟁력을 증진시킬 수 있느냐 하는 점일 것이다.

SKMS를 통해 지난 20여 년간 SK가 이룩한 것을 크게 두 가지 꼽는다면 첫째는 노사문제의 해결일 것이다. SK는 여타 대기업과는 달리 창사 이래 노사대립이 없었다. 두 번째는 부서 이기주의의 극복을 통해 조직운영에서 분권화와 집권화를 동시에 이루었다는 것이다. 본 저서에서 필자들은 SKMS의 활용으로 지식경영이 이루어진다는 또 하나의 장점을 발견해내었다고 생각한다. 그러나 21세기 기업의 사회적 책임의 막중함을 생각한다면 단순히 인재의 육성이나 기업 내 노사갈등 해소, 부처이기주의 해소, 지식경영의 실현 등의 역할만으로는 부족할 것이다.

과연 SKMS가 21세기 SK의 경쟁력과 CSR을 동시에 끌어올리는 중요한 역할을 할 수 있을지는, 향후 SK의 경영전략이 과연 어떻게 SK의 이익과 사회 전체의 이익의 상생을 이루도록 하느냐에 달려 있다고 하겠다. 그런 의미에서 최근 SK가 보여주는 신재생 에너지산업과 환경친화산업에 대한 관심은 SK의 향후 전략과 CSR이 연계될 수 있을 가능성을 보여준다. SK그룹은 태양광 업스트림 분야를 선점한다는 전략 아래 최근 SK케미칼을 주축으로 가장 앞 공정에 해당하는 폴리실리콘 공장 설립에 착수한 바 있다. 이는 이미 이 분야에 진출한 솔믹스(잉곳)-SKC(웨이퍼)와의 수직계열화를 염두에 둔 것으로 풀이된다. SK에너지 역시 최근 일본 상용차 회사인 미쓰비시 후소의 하이브리드 자동차에 장착될 리튬이온전지 공급업체로 선정됨으로써, 전기자동차용 배터리 시장까지 진입할 포석을 마련하게 되었다. 태양광 에너지산업이나 전기자동차는 21세기 산업 전반에 걸친 파급력을 가진 가장 중요한 환경친화산업으로서, 이러한 산업에 진입한다는 것은 반세기 동안 화석연료를 기반으로 한 섬유와 석유산업에 종사했던 SK로서는 대단히 의미 있는 전략적 시도이다. 향후 SK가 신재생에너지, 또는 전기자동차 배터리 쪽에 핵심역량을 확보하여 경쟁력을 갖추게 된다면 그것이야말로 SKMS의 내용대로, 회사의 전략이 바탕이 되어 장기적이고 균형적인 시각에서 사회와의 우호적인 관계가 구축되는 것이라고 하겠다.

참고문헌

송형석 (2009), 「기업 사회 속으로(1): 500대 기업 '사회공헌'에 5조 원」, 「한국경제신문」, 10월 12일, A4.

이성훈 (2009), 「달리는 여성 프로페셔널: 안나 루스벨트 보잉 부사장」, 「조선일보」, 10월 19일, B2.

Friedman, M. (1970), "The Social Responsibility of Business is to Increase Its Profits", *New York Times Magazine*. Sep. 13, pp. 32~33, 122, 126. reprinted in C. E. Bagley, 2003. "The Ethical Leader's Decision Tree", *Harvard Business Review* 81(2), pp. 18~19.

John, K., L. W. Senbet, & A. K. Sundaram (1991), "Cross-Border Liability of Multinational Enterprises, Border Taxes, and Capital Structure," *Financial Management* 20(4), pp. 54~67.

Porter, M. E. & M. R. Kramer (2006), "Strategy and Society: The Link Between Competitive Advantage and Corporate Social Responsibility", *Harvard Business Review* 84(12), pp. 82~92.

SK Group (2008), *SK Management System*, Seoul, Korea: SK Group.

Smith, A. (1993)(First published in 1776), *An Inquiry into the Nature and Causes of the Wealth of Nations*, K. Sutherland eds. Oxford: Oxford University Press.

찾아보기

S

T